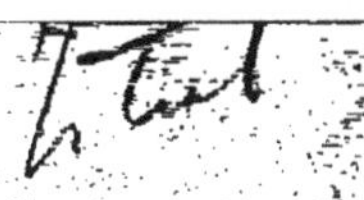

ÉTUDE SUR PASCAL

ET

LES GÉOMÈTRES CONTEMPORAINS

SUIVIE

DE PLUSIEURS NOTES SCIENTIFIQUES ET LITTÉRAIRES

PAR

A. DESBOVES

AGRÉGÉ ET DOCTEUR ÈS SCIENCES
PROFESSEUR AU LYCÉE FONTANES, A PARIS

PARIS
LIBRAIRIE CH. DELAGRAVE
15, RUE SOUFFLOT, 15

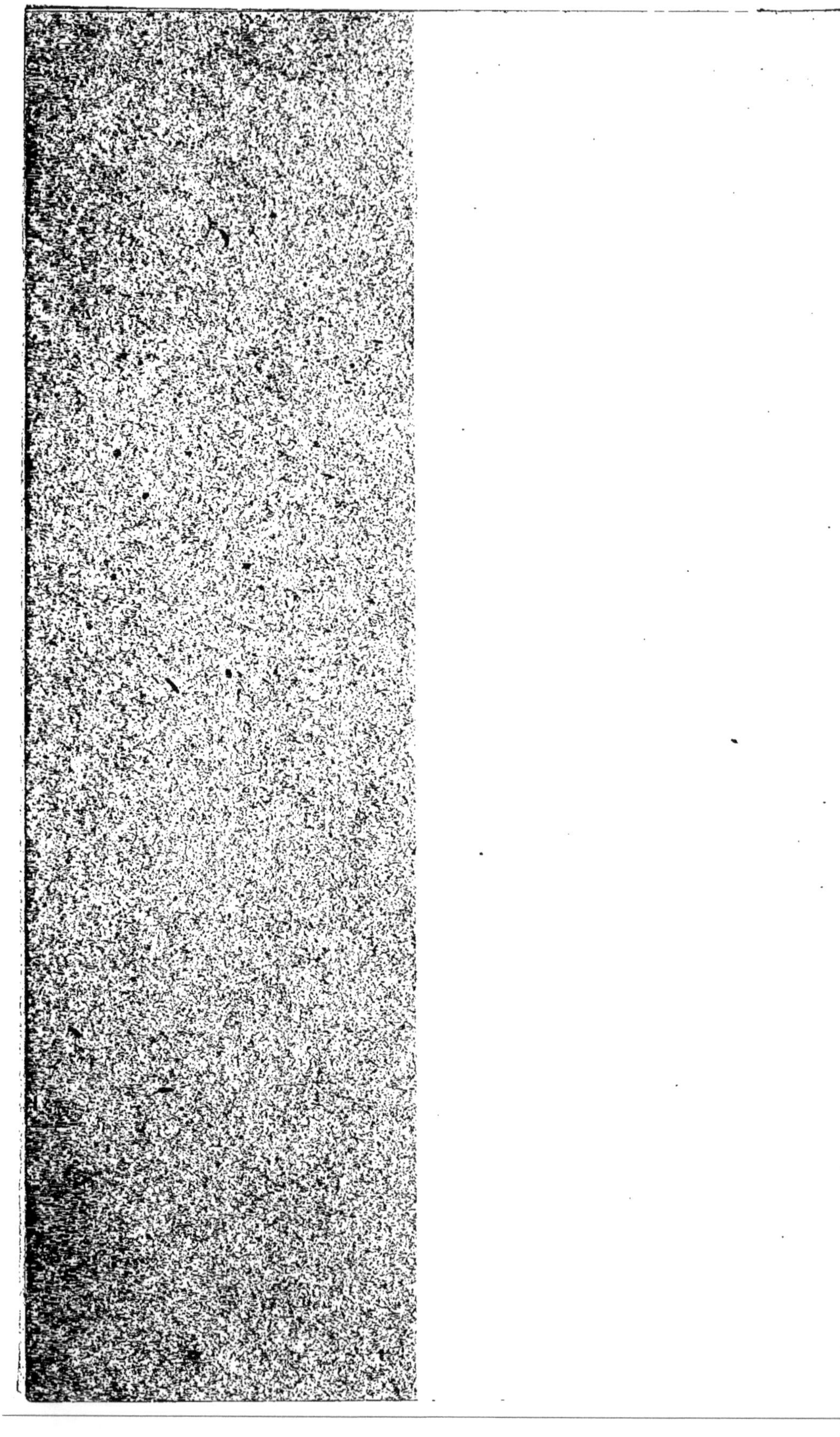

ÉTUDE SUR PASCAL

ET

LES GÉOMÈTRES CONTEMPORAINS

Tout exemplaire de cet ouvrage non revêtu de notre griffe sera réputé contrefait.

Paris. — Imp. E. Capiomont et V. Renault, rue des Poitevins, 6.

ÉTUDE

SUR PASCAL

ET

LES GÉOMÈTRES CONTEMPORAINS

SUIVIE

DE PLUSIEURS NOTES SCIENTIFIQUES ET LITTÉRAIRES

PAR

A. DESBOVES

AGRÉGÉ ET DOCTEUR ÈS SCIENCES
PROFESSEUR AU LYCÉE FONTANES, A PARIS

PARIS

LIBRAIRIE CH. DELAGRAVE
15, RUE SOUFFLOT, 15

1878

PRÉFACE

Les hommes supérieurs dans les lettres ou les sciences ont souvent rencontré des admirateurs passionnés qui se sont voués à l'étude ou à la propagation de leurs œuvres. Ainsi Clerselier est inséparable de Descartes, Brossette, de Boileau, Eckermann, de Goëthe. C'est à cette race, aujourd'hui presque entièrement disparue, d'esprits quelque peu naïfs mais sincèrement enthousiastes, qu'appartient l'auteur de ce livre. Il n'a pas eu le bonheur, comme les fervents disciples qu'il vient de citer, de vivre auprès du maître de son choix; mais il se console en se rappelant que la situation de compagnon assidu d'un grand homme a aussi ses inconvénients. Ainsi le pauvre Eckermann était obligé d'entendre une perpétuelle diatribe contre les mathématiciens en général, et les newtoniens en particulier; sans compter qu'il lui fallait encore subir l'éternelle théorie des couleurs à laquelle il ne comprenait mot. Auprès de Pascal, cela aurait été bien plus grave. N'aurait-il pas fallu être un ardent janséniste pour être agréé par lui ? Et qui, de nos jours, pourrait se flatter de s'élever jusqu'à cette hauteur de vertu ?

Tout a été dit sur Pascal considéré comme écrivain ; mais, en lui, le géomètre et le physicien n'ont pas été étudiés avec la même persévérance passionnée. Condorcet est le premier qui l'ait envisagé à ce nouveau point de vue.

Pâle reflet de Dalembert comme géomètre et écrivain, Condorcet avait cependant des connaissances suffisantes pour être un juge compétent dans les sciences. Mais Voltaire, qui ne voulait pas que l'on fût à la fois bon chrétien et grand géomètre, lui avait confié la mission de dénigrer Pascal ; et fidèle à l'ordre du maître, il a fait une œuvre de mauvaise foi, indigne d'un écrivain qui se respecte.

L'abbé Bossut vient ensuite. Dans le discours placé en tête des œuvres complètes de Pascal qu'il a le premier éditées, il apprécie avec équité le génie du grand homme dans les sciences. Il plaît par son style plein de bonhomie qui rappelle celui de Rollin ; mais il est incomplet et superficiel dans tout ce qui regarde la Géométrie.

De nos jours, M. Chasles, dans son *Essai historique*, a porté un jugement magistral sur les travaux de Pascal relatifs à l'étude des coniques, et il n'a plus rien laissé à faire sur ce sujet auquel il a limité son étude.

M. Bertrand a dit en passant, sur Pascal comparé à Poinsot, quelques mots marqués de sa forte empreinte dont j'ai fait mon profit.

Un écrivain distingué, mais incompétent en matière de sciences, Bordas Demoulin, dans un éloge de Pascal couronné par l'Académie française, a donné une idée assez fausse du grand géomètre; et malheureusement Cousin et Sainte-Beuve, flattés sans doute qu'un lettré parût avoir quelque teinture des sciences, adoptèrent, comme des vérités incontestables, ses faux jugements.

On voit qu'un travail complet sur Pascal géomètre et physicien restait encore à faire. C'est ce que j'ai essayé, dans la mesure de mes forces, en examinant, pas à pas, tous les travaux scientifiques de Pascal. Quelquefois j'ai mis en lumière toute la portée d'une de ses découvertes en montrant à quelles importantes conséquences elle pouvait conduire. En d'autres circonstances, j'ai donné la démonstration de théorèmes simplement énoncés, où j'ai cherché à deviner la marche des idées de Pascal d'après quelques vagues indications qu'il a laissées. Les développements, qui ne pouvaient pas figurer dans un discours suivi, ont été donnés dans des notes qui forment, à vrai dire, la partie la plus importante du livre par le travail sérieux et approfondi qu'elles ont demandé.

ÉTUDE SUR PASCAL

ET LES

GÉOMÈTRES CONTEMPORAINS

I

Avec le dix-septième siècle s'ouvre la période peut-être la plus brillante de l'histoire des sciences mathématiques et physiques dans les temps modernes. D'abord, Képler et Galilée par leurs immortelles découvertes en Astronomie, en Physique et en Mécanique ouvrent la marche, et inaugurent la vraie méthode expérimentale. Mais, à l'époque que nous voulons aborder, ce sont les géomètres français qui tiennent la tête du mouvement : Descartes, Roberval, Fermat, Desargues et Blaise Pascal. Les autres nations civilisées sont aussi dignement représentées par des géomètres distingués. L'Italie a Cavalieri et Torricelli, l'Angleterre Wallis et Brounker, la Hollande Schooten et Huyghens alors à son aurore et non classé encore parmi les géomètres du premier ordre. L'Allemagne seule ne comptait pas dans ce renouvellement des sciences : après avoir donné Képler au monde, elle se reposait en attendant Leibnitz.

En France, des hommes d'un profond savoir et d'une remarquable intelligence, de Beaune, Carcavi, Lepailleur, Mersenne le Minime, Étienne Pascal qu'on appela Pascal le père à l'avénement de son fils formaient un véritable public scientifique, propageant et quelquefois développant les découvertes des grands géomètres. Le père Mersenne, qui entretenait une vaste correspondance avec les savants français et étrangers, servait de lien entre eux et était ainsi le véritable président d'une Académie libre et universelle. « Il avait, dit « Blaise Pascal (*), un talent tout particulier pour former de « belles questions : en quoi il n'avait peut-être pas de sem- « blable. Mais encore qu'il n'eut pas un pareil bonheur à « les résoudre et que ce soit en ceci que consiste tout l'hon- « neur, il est vrai néanmoins qu'on lui a obligation, et qu'il « a donné l'occasion de plusieurs belles découvertes qui peut- « être n'auraient jamais été faites, s'il n'y eut excité les « savants. »

Les belles questions dont parle Pascal ont quelquefois suscité une lutte ardente entre les géomètres. Souvent ils se portaient de mutuels défis, comme de véritables héros d'Homère, bien que pour de plus nobles combats, et, comme eux aussi, ils ne s'épargnaient pas, à l'occasion, les propos injurieux. La lutte continue plus ardente encore dans la période suivante entre Newton, Leibnitz, les Bernoulli, l'Hopital, etc. ; et c'est même alors que l'on rencontre les *deux frères ennemis*, les

(*) *Histoire de la Roulette.*

deux Bernoulli, Jacques et Jean. Quelquefois, les géomètres gardaient en réserve les méthodes qu'ils avaient découvertes, afin de se ménager des armes secrètes. Mais souvent aussi un adversaire mieux avisé découvrait par ses propres ressources la méthode qu'on lui cachait, et en la mettant au jour le premier, avait ainsi toute la gloire du premier inventeur.

II

Pour mieux apprécier la part de chacun des grands géomètres, que nous avons nommés, dans la rénovation scientifique qui inaugure le dix-septième siècle, il importe de dire quelques mots des sciences mathématiques elles-mêmes.

Les Mathématiques peuvent se diviser en deux parties principales : la Géométrie et l'Algèbre.

La Géométrie est la science de l'étendue figurée. On peut la diviser en Géométrie élémentaire et en Géométrie supérieure.

La Géométrie élémentaire qui, dans l'antiquité, est représentée par Euclide et Apollonius, a, pour principal objet, les propriétés descriptives des figures, et s'occupe exceptionnellement de leur mesure quand elle peut être obtenue aisément.

Dans la Géométrie infinitésimale ou supérieure dont le créateur dans l'antiquité est le grand Archimède, on se propose surtout de calculer les longueurs des lignes, les aires des surfaces et les volumes des solides, quelle qu'en soit la nature, pourvu que l'on puisse en donner une définition géométrique. La principale méthode mise en œuvre est la décomposition en éléments infiniment petits que l'on partage eux-mêmes en deux parties, l'une que l'on sait mesurer, l'autre infiniment petite par rapport à la première et que l'on peut négliger quand on fait la somme de tous les éléments.

Lorsque des grandeurs de même espèce sont telles que l'on puisse définir leur égalité et leur addition, on les rapporte à une grandeur de même espèce qu'on appelle unité, et de cette comparaison résultent les nombres. Mais, si l'on représente les nombres par des lettres, et que l'on indique les opérations à effectuer sur ces lettres par certains signes, la science de la combinaison des grandeurs ainsi représentées prend le nom d'*Arithmétique universelle* ou d'*Algèbre*. Comme la Géométrie, l'Algèbre comporte deux divisions principales : l'Algèbre élémentaire et l'Algèbre supérieure.

L'Algèbre élémentaire comprend le calcul algébrique proprement dit et la résolution des équations numériques. Ses progrès dépendent surtout des perfectionnements apportés à la notation et de certains rapprochements, suggérés par une pratique assidue, qui permettent de donner plus d'élégance et de symétrie aux calculs.

Dans l'Algèbre supérieure, ce sont surtout les idées d'ordre et de combinaison qui prédominent. On emploie souvent, comme instruments de combinaison, certains symboles que l'on a rencontrés dans la première partie de l'Algèbre, principalement les imaginaires qui opèrent quelquefois les combinaisons à l'insu et sans l'intervention du calculateur.

L'Algèbre et la Géométrie se sont d'abord développées parallèlement chacune par les moyens qui lui sont propres : mais bientôt on les a rapprochées l'une de l'autre. Dans l'antiquité grecque, c'est la Géométrie qui prédomine, et l'on résout, à l'aide de la Géométrie, les problèmes d'Algèbre les plus simples. Mais, à la première renaissance des sciences mathématiques dans les temps modernes, c'est le contraire qui a lieu. Viète d'abord, puis Descartes créent une science nouvelle : *l'application de l'Algèbre à la Géométrie.* Plus tard, le rapprochement de la Géométrie infinitésimale et de l'Algèbre fait naître les calculs *Différentiel et Intégral.* Mais je m'arrête ici : ce dernier progrès et les quelques autres qu'amène la succession des siècles étant postérieurs à l'époque qui va nous occuper.

III

Avant que Pascal parût, trois géomètres français du premier ordre, Descartes, Roberval et Fermat avaient une incontestable supériorité sur leurs rivaux de tout pays. Celui qui marche le premier, en date et par l'universalité de son génie, c'est Descartes, à la fois philosophe, géomètre, physicien et même médecin, d'un immense orgueil égal à son génie, ne pouvant supporter ni supérieur, ni égal, toujours en guerre avec ses deux illustres rivaux. Inférieur, quoi qu'il en dise, à Roberval et à Fermat en Géométrie proprement dite, il a sur eux une immense supériorité dans cette partie de l'Algèbre que j'ai appelée élémentaire (*). Comme on le voit dans le *discours sur la méthode,* et dans l'exposé des *règles sur la direction de l'esprit,* Descartes avait beaucoup réfléchi sur l'emploi en Algèbre des notations abrégées et sur l'art du calcul algébrique. Éclairé par ses profondes méditations, il a inventé la notation exponentielle et la méthode des coefficients indéterminées, et le premier il a interprété les solutions négatives dans la réso-

(*) Voyez la note III.

lution des problèmes. Mais son plus grand titre de gloire, c'est d'avoir appliqué, le premier, l'Algèbre à la recherche des lieux géométriques, d'être le créateur de la Géométrie que l'on a plus tard appelée *Analytique.* Dans sa Géométrie, œuvre brillant du génie de l'invention, mais bizarre et sans méthode, il trouve d'abord d'une manière générale, à l'aide de l'Algèbre, c'est-à-dire en cherchant une relation entre les deux *coordonnées* d'un point, la nature d'un lieu qui n'avait été obtenu par les anciens que dans quelques cas particuliers ; puis il fait une classification des lieux géométriques d'après le degré de leurs équations, en mettant dans le premier genre le cercle et les coniques, oubliant ainsi la véritable ligne du premier genre, la ligne droite dont l'équation est du premier degré. Il termine son œuvre par ces mots : « J'espère « que nos neveux me sauront gré non-seulement des choses « que j'ai ici expliquées, mais aussi de celles que j'ai omises « volontairement afin de leur laisser le plaisir de les inven- « ter. » Ailleurs il dit qu'il sait tout ce qui pourra jamais être trouvé dans la science qu'il a créée. S'il a été obscur dans l'exposé de ses idées et dans son style, c'est que ses rivaux auraient pu lui ravir l'honneur de ses inventions.

Voilà, il faut l'avouer, un *philosophe* qui obéit à de bien mesquines considérations. Après avoir écrit le *discours sur la méthode* et avoir donné les règles pour la direction de l'esprit, quelle plus belle occasion pouvait s'offrir à lui d'appliquer ses préceptes ! Pourquoi, puisqu'il le savait, n'a-t-il pas montré comment, par sa découverte, l'idée de forme était ramenée à l'idée de situation ? Pourquoi surtout n'a-t-il pas dit quelle puissante ressource il créait pour l'étude des fonctions algébriques ? Mais, dans sa Géométrie, il a le premier donné une méthode algébrique pour déterminer les tangentes, et, en faveur de cette grande découverte, la postérité lui pardonne le désordre de ses idées et son dédaigneux orgueil.

Roberval, qu'on a rarement mis à sa véritable place, c'est-à-dire à l'une des premières, parce qu'il avait eu l'audace de s'attaquer à Descartes, inférieur à son rival pour l'étendue de l'esprit, était un maître éminent en Géométrie. Le premier ; il démontra que l'aire de la cycloïde est triple du cercle générateur ; ce que Galilée et peut-être Descartes ne surent pas trouver lorsque la question fut posée pour la première fois par le Père Mersenne. Descartes et Fermat, il est vrai, obtinrent immédiatement une solution lorsque l'aire de la cycloïde leur fut connue. Mais, comme le dit excellemment Pascal (*) : « Dès qu'une invention est publiée, on ne peut « persuader les autres qu'on l'eût trouvée sans ce secours, « ni s'en assurer soi-même, parce que cette connaissance « change les lumières et la disposition de l'esprit qui ne sont « plus les mêmes qu'auparavant ; et quand on aurait pris de « nouvelles voies, ce n'en serait pas une marque, parce qu'on « sait qu'il est aussi facile de réduire à d'autres méthodes ce « qui a été une fois découvert qu'il est difficile de le découvrir une première fois. »

Du reste, dans l'étude de la cycloïde, Roberval ne s'en tint pas à sa première découverte. Il détermina les volumes des solides engendrés par la cycloïde tournant autour de sa base ou de son axe, et le centre de gravité de l'aire comprise entre une cycloïde et sa base.

En Italie, Galilée essaya aussi de déterminer l'aire de la

(*) *Histoire de la Roulette.*

cycloïde ; mais, comme il ne put y réussir, il pesa une feuille de plomb, d'épaisseur uniforme, dont le contour était formé d'une cycloïde et de sa base, et il en déduisit que l'aire de la cycloïde était à peu près égale à trois fois le cercle générateur. Mais peu satisfait de sa détermination expérimentale, il posa la question à son disciple Torricelli. Celui-ci, sans avoir connaissance des résultats de Roberval qui n'avaient pas été publiés, trouva l'aire de la cycloïde et le volume du solide qu'elle engendre en tournant autour de sa base ; mais il échoua dans la détermination du volume produit par la rotation de la cycloïde autour de son axe.

Roberval créa aussi la méthode des indivisibles qu'il eut le tort de tenir secrète, et il se laissa ainsi devancer par Cavalieri qui recueillit tout l'honneur de l'invention.

Mais la plus belle découverte de Roberval est sa méthode géométrique pour déterminer la tangente à une courbe quelconque. Voici quel en est le principe : la courbe étant supposée décrite par le mouvement d'un point, la direction de ce mouvement est, à chaque instant, celle de la tangente au point où le mobile est arrivé. Le problème est alors ramené à déduire des propriétés de la courbe deux mouvements connus auxquels le mobile puisse être considéré comme assujetti, et la direction de la résultante de ces deux mouvements donne la direction de la tangente au point considéré. C'est en partant de la même idée fondamentale, mais en l'accompagnant de développements algébriques, que Newton a fondé le calcul différentiel, et ce n'est pas là pour Roberval une gloire médiocre. Enfin, à tous les titres de Roberval à la haute estime des géomètres, il faut joindre celui d'avoir été l'ami et l'un des maîtres de Pascal.

Roberval, pendant toute la vie de Descartes, a soutenu contre lui une lutte ardente dans laquelle il n'a pas eu toujours le dessous : mais le véritable rival de Descartes, son égal, sinon son supérieur en génie mathémathique, c'est Fermat.

Pierre Fermat, conseiller au Parlement de Toulouse, était un magistrat consciencieux et appliqué, érudit, restaurateur des livres anciens, savant en plusieurs langues, poète à ses heures, et pour qui les Mathématiques n'étaient qu'un simple délassement au milieu de travaux assidus et variés. Retiré souvent dans son village natal de Beaumont près de Toulouse, comme un autre Montesquieu, il expliquait leurs vieilles coutumes aux paysans ses compatriotes, et il répandait les bienfaits autour de lui ; c'est une des plus nobles et des plus sympathiques figures de l'histoire.

En même temps que Descartes et peut-être même avant lui, Fermat appliqua l'Algèbre à la recherche des lieux géométriques. Moins habile ou moins patient calculateur que son rival, il n'a pas été aussi loin que lui dans la nouvelle voie. Ainsi il ne paraît pas qu'il ait, comme l'avait fait son rival, trouvé la solution générale du problème de Pappus. Mais il a procédé avec plus de méthode en donnant d'abord les équations de la ligne droite et des coniques, et il a su aussi tirer un meilleur parti de la représentation des fonctions par les courbes dans la construction des racines des équations.

Dans sa Géométrie, Descartes avait complétement passé, sous silence, le problème des maxima et minima qui aurait dû se présenter à son esprit. Ce problème, qui a, en Mathématiques, une importance aussi grande que celui de la tangente, fut résolu pour la première fois par Fermat, et la solution qu'il en avait trouvée, fut envoyée à Descartes, en manière de défi, au moment où il publia sa Géométrie pour la première fois. Ce fut l'occasion d'une longue querelle entre les deux rivaux.

On peut lire, à ce sujet, dans les *Mémoires de l'Académie des sciences*, tome XXXII, une étude très-consciencieuse de Duhamel, dans laquelle ce savant distingué cherche à faire avec équité la part de chacun des deux géomètres dans la solution des deux grands problèmes. Mais la pente de son esprit rigoureux et exact le fait peut-être un peu trop pencher du côté de Descartes, et il paraît oublier qu'au début d'une science, l'invention est de beaucoup plus importante que la rigueur dans le raisonnement. Or, comme inventeur, Fermat paraît avoir la supériorité sur son rival. Mais content, en général, d'un premier éclair de génie, il laissait souvent ses conceptions à l'état vague, et en abandonnait quelquefois les développements aux autres géomètres; tandis que Descartes, patient calculateur, d'un esprit profond et réfléchi, élaborait longuement ses idées, quelquefois péniblement conçues, et cherchait à les mettre en pleine lumière à l'aide d'une méditation profonde.

Fermat, comme Roberval et plus tard Pascal, excellait dans les recherches de Géométrie infinitésimale que Descartes avait à peine abordées. Il a même quelquefois employé des méthodes qui touchaient de très-près à celles des calculs *Différentiel et Intégral.* Mais il n'a créé aucun algorithme particulier: une pareille création devait d'ailleurs être bien éloignée de la pensée d'un géomètre qui ne faisait même pas usage des notations algébriques connues de son temps; et c'est aller trop loin que de vouloir, avec Lagrange et Laplace, en faire le premier inventeur des *Nouveaux calculs.*

Fermat est surtout supérieur à tous ses rivaux, qu'il laisse à une distance immense de lui, dans ses travaux sur la théorie des nombres. C'est dans sa correspondance avec Descartes et Frénicle que l'on voit naître et grandir sa merveilleuse aptitude pour ce nouvel ordre de travaux. D'abord, à peine l'égal de Descartes et d'un certain Gillot, élève de Descartes, que celui-ci avait eu la malice de lui présenter comme adversaire, excité par les questions de Sainte-Croix et de Frenicle, il ne tarde pas à devancer de bien loin tous ses rivaux.

Frénicle que Fermat et Descartes regardèrent un moment comme leur maître, avait une méthode purement arithmétique pour la recherche des propriétés générales des nombres. Cette méthode fondée sur un tâtonnement habilement dirigé, qui lui faisait découvrir les théorèmes pour ainsi dire expérimentalement, était inconnue de son vivant; elle ne fut divulguée qu'après sa mort dans le tome V des *Mémoires de l'Académie des sciences*. Fermat, dans une lettre dont la date est inconnue, écrivait au père Mersenne ce qui suit: « Pour M. de « Frénicle, ses inventions arithmétiques me ravissent, et je « vous déclare ingénuement que j'admire ce génie qui, « sans aide d'Algèbre, pousse si avant dans la connaissance des « nombres entiers; et ce que j'y trouve de plus excellent con- « siste en la vitesse de ses opérations, de quoi font foi les « nombres aliquotaires qu'il manie avec tant d'aisance. S'il « voulait m'obliger de me mettre dans quelqu'une de ses « routes, je lui en aurais très-grande obligation et ne ferais « jamais difficulté de l'avouer, car les voies ordinaires me « lassent; et lorsque j'entreprends quelqu'une de ces questions, « il me semble que je vois devant moi *magnum maris æquor* « *arandum,* à cause de ces fréquentes divisions qu'il faut faire « pour trouver les nombres premiers. Ce n'est pas que mon

« analyse soit défectueuse, mais elle est lente et longue pour ce « regard, et j'ose dire sans vanité, que, si je pouvais l'accom- « pagner de cette facilité, je trouverais de fort belles choses. « Je voudrais avoir mérité par mes services la faveur que je « lui demande, et ne désespère pas même de la payer par « quelques inventions qui peut-être seront nouvelles à M. de « Frénicle. »

Frénicle garde son secret; mais plus tard, le 2 août 1641, il écrit à Fermat : « Je sais que l'Algèbre de ce pays-ci n'est « pas propre à résoudre ces sortes de questions (questions « sur les nombres) ou du moins on n'a pas encore ici trouvé « la manière de l'y appliquer ; c'est ce qui me fait croire que « vous vous êtes fabriqué depuis peu quelque espèce d'ana- « lyse pour fouiller dans les secrets les plus cachés des nom- « bres, ou que vous avez trouvé quelque adresse pour vous « servir à cet effet de celle que vous avez accoutumé d'em- « ployer à d'autres usages. » Il est vraiment malheureux que les deux géomètres n'aient pas fait l'échange que deman- dait Fermat. Peut-être alors, s'embarquant de conserve, ils auraient creusé un plus profond sillon : *magnum Veri æquor arantes.*

Les premières questions sur les nombres dont s'occupent Sainte-Croix, Frénicle, Descartes, Gillot et Fermat sont d'a- bord les questions aliquotaires, c'est-à-dire qu'il s'agit de trou- ver un nombre qui soit une unité fractionnaire donnée de la somme de ses parties aliquotes. Les questions sur les trian- gles rectangles en nombre entiers et fractionnaires, déjà trai- tées dans l'antiquité par Diophante et, un peu avant l'époque qui nous occupe, par Bachet de Méziriac, sont aussi débattues entre les mêmes géomètres. Mais bientôt Fermat s'élève plus haut ; il ouvre une voie nouvelle où aucun des géomètres contemporains ne peut le suivre. Je ne rappellerai pas ici les théorèmes si connus dont la démonstration a exigé les plus grands efforts des Euler et des Lagrange et dont quelques-uns sont encore aujourd'hui sans démonstration. En résumé, les découvertes sur les nombres sont le titre le plus haut et le plus incontestable de la gloire scientifique de Fermat dont l'esprit profondément original a d'ailleurs laissé sa marque puissante dans toutes les parties des Mathématiques.

Avant d'arriver à Pascal, il me reste encore à dire quelques mots de Desargues qui fut l'un de ses maîtres avec Roberval. Desargues, que Descartes, Fermat et Pascal avaient dans la plus haute estime, s'occupait principalement des propriétés des coniques et de la Géométrie segmentaire ; mais il apportait dans cette étude un esprit généralisateur qui faisait l'admiration de Descartes. Il s'est aussi livré à l'étude des questions sur la représentation des solides et la coupe des pierres, et par là il a mérité d'être appelé par Poncelet le *Monge* de son siècle. Il ne faut pas oublier non plus qu'il était très-habile en Architecture et en Mécanique. Étranger aux luttes des grands géomètres, au moins comme partie active, car quelquefois on voulut le prendre pour juge, il n'en eut pas moins à souffrir de l'humeur querelleuse de son temps. Mais ses ennemis furent les architectes à qui ses méthodes savantes déplaisaient ; ils lui firent une guerre acharnée : la guerre éternelle de la routine contre le progrès.

IV

Après avoir fait connaître les grands géomètres au milieu desquels Pascal est appelé à vivre, pour achever de bien faire comprendre les origines de son génie dans les sciences, il faut dire quels furent sa première éducation et les essais de sa jeunesse.

Étienne Pascal, premier Président à la Cour des aides de Clermont, resté veuf avec trois enfants en bas âge, Gilberte, Blaise et Jacqueline, résolut de leur consacrer entièrement sa vie. Il se démit alors de sa charge, et vint s'établir à Paris avec sa jeune famille. Comme Blaise annonçait une précocité d'esprit au-dessus de son âge, son père adopta le système d'éducation le plus propre à développer ses heureuses facultés, c'est-à-dire qu'il lui donna en même temps la science des mots et celle des choses. Il décrivit à son fils les principaux phénomènes de la nature et les plus beaux résultats de l'industrie humaine pour entretenir en lui la curiosité de l'esprit. Le jeune Pascal demandait la raison de tout; mais au lieu de se contenter de la première réponse venue comme un enfant ordinaire, s'il n'était pas satisfait, il cherchait lui-même l'explication désirée. Un jour, dit-on, à l'âge de douze ans, ayant remarqué qu'un plat de faïence frappé avec un couteau rendait un son qui cessait aussitôt qu'il était touché avec la main, il chercha à se rendre compte du fait, et composa à ce sujet un petit traité sur le son. Ce n'est qu'à l'âge de douze ans que Pascal commença ses études littéraires et, en particulier, l'étude des langues. En attendant jusque-là, Étienne Pascal avait voulu, comme le dit madame Périer (Gilberte) dans l'admirable VIE de son frère, que le jeune Blaise restât toujours au-dessus de l'enseignement qui lui était donné, et sût de lui-même faire la distinction entre ce qu'il importait surtout d'apprendre et ce qui était simplement accessoire.

Étienne Pascal, qui était également habile dans les lettres et dans les sciences, mais qui aimait les Mathématiques avec passion, sachant, par son expérience personnelle, qu'elles absorbent souvent l'intelligence toute entière chez ceux qui y ont pris goût, avait voulu que son fils eût d'abord une instruction littéraire sérieuse, et que son esprit eût déjà acquis une suffisante maturité avant de lui faire aborder l'étude des sciences.

Dans ce but, il mit hors de sa portée tous les livres de Mathématiques qui auraient pu lui tomber sous la main, et il défendit que le nom même de la Géométrie fût prononcé devant lui. Mais il s'y prit trop tard : dans les conversations d'Étienne avec ses savants amis Roberval, Lepailleur, etc., Blaise avait souvent entendu parler de Géométrie, et le mystère qu'on lui en faisait, excitant encore plus sa curiosité, il voulut savoir quel était l'objet de cette science. Pour se débarrasser de ses questions importunes, on lui dit que la Géométrie s'occupait principalement de la construction et de la mesure des figures. Sur cette simple donnée, le jeune Pascal, armé d'un morceau de charbon, se mit à dessiner des figures sur le parquet de sa chambre pour en étudier les diverses propriétés. Un jour qu'il était absorbé dans ce travail, il fut surpris par son père au moment où il cherchait à démontrer la 32me proposition d'Euclide : savoir que, *dans tout triangle, la somme des trois angles est égale à deux angles droits*. Interrogé sur la manière dont une pareille idée lui était venue, il fit connaître l'enchaînement des propositions qui l'y avaient conduit, après qu'il eut pris, pour point de départ, certains axiomes d'abord admis comme évidents. Étienne Pascal, tout ému et comme épouvanté d'une pareille précocité d'intelligence dans un enfant, courut tout en larmes chez son ami Lepailleur, et lui raconta ce qui s'était passé. Les deux amis furent alors convaincus qu'il ne fallait pas résister plus longtemps à une vocation si décidée, et on remit entre les mains de l'enfant, à peine âgé de douze ans, une Géométrie d'Euclide qu'il dévora sans avoir besoin d'aucun secours pour en comprendre le texte.

On a mis quelquefois en doute l'authenticité de l'anecdote; mais elle est en accord si parfait avec le reste de la vie de Pascal, et le récit qu'en fait madame Périer porte un tel caractère de sincérité et d'émotion que le doute n'est pas permis. Quelques auteurs, tout en admettant la possibilité du fait, ont cherché à en atténuer la portée. Bordat-Demoulin, par exemple, fait observer que Pascal avait pu arriver à la proposition qu'il avait en vue sans passer par toutes celles qui la précèdent dans la Géométrie d'Euclide. Cela est possible; mais qu'importe! Le merveilleux de l'histoire est qu'un enfant de douze ans ait trouvé de lui-même que les vérités géométriques ne sont pas de simples faits qu'il faut voir, mais qu'il faut démontrer, et qu'il soit arrivé jusqu'aux axiomes qui sont la base de la Géométrie. Condorcet est plus juste ici; on dirait même qu'il est ému: « Qu'on juge, dit-il, des senti-
« ments que dut éprouver à cette vue un père *sensible* qui
« préférait les Mathématiques à toutes les autres sciences et
« qui voyait *le seul objet de ses soins* donner une preuve si
« certaine de sa passion pour les sciences de combinaison et
« d'une sagacité singulière. »

Dans la société des Roberval et des Desargues où il fut dès lors admis, Pascal sentit se fortifier son goût pour la Géométrie, et dès l'âge de seize ans, il composa un petit traité sur les coniques qui fit l'admiration des amis de son père (*). Descartes, à qui le traité fut communiqué, pressentant peut-être un futur rival, au lieu d'encourager le génie naissant, reprocha au jeune Pascal d'avoir imité Desargues : comme si tout jeune savant, à ses débuts, ne commençait pas par s'engager sous la bannière du maître qui a dirigé ses premiers pas. D'ailleurs le traité contenait la fameuse proposition de l'hexagramme mystique qui était bien la propriété de Pascal, comme Desargues lui-même l'a reconnu en l'appelant la *Pascale.*

Une circonstance fortuite donna bientôt à Pascal l'occasion de mettre en lumière le second côté de son talent mathématique : je veux dire son aptitude pour les combinaisons de nombres et la Mécanique pratique. Son père, après une disgrâce passagère qui l'avait tenu quelque temps éloigné de Paris, avait été nommé par Richelieu à l'intendance de Rouen; et comme il était dans ces nouvelles fonctions surchargé de calculs arithmétiques, Pascal, pour lui en épargner la fatigue, eut l'idée de créer une machine capable par elle-même d'exécuter les calculs élémentaires. Je ne décrirai pas ici la *Machine arithmétique* : Diderot, dans l'Encyclopédie, s'est trop bien acquitté de cette tâche pour qu'il soit nécessaire d'y revenir. Je dirai seulement que l'idée première en est à la fois très-originale et très-simple, et que, si l'exécution n'a pas entièrement répondu à l'attente de Pascal, cela tient seulement

(*) C'est l'*Essai sur les coniques* dont il sera encore parlé plus loin.

à l'imperfection de la Mécanique industrielle de son temps et au peu d'intelligence des ouvriers qui eurent beaucoup de peine à comprendre les conceptions de leur maître.

Pour en finir avec les inventions mécaniques et industrielles de Pascal, ajoutons ici qu'il est l'inventeur du Haquet, heureuse combinaison du tour et du plan incliné, et qu'il eut le premier l'idée de créer des voitures à bon marché, les carrosses à cinq sous qui devinrent plus tard les omnibus. Il croyait tellement à l'avenir de cette dernière idée qu'il voulait demander aux fermiers avec qui il traitait une avance de mille francs pour les envoyer aux pauvres du pays de Blois alors en proie à la plus affreuse misère. Bordas-Dumoulin, dans son éloge de Pascal, met l'invention du Haquet au-dessus de celle de la machine arithmétique parce que cette dernière n'a jamais servi. Plaisante manière de juger ! Un homme d'une intelligence médiocre, sollicité par les besoins journaliers de l'industrie, aurait pu imaginer le Haquet, comme tant d'autres choses indispensables dans l'usage ordinaire de la vie ont été créées sans qu'on ait même conservé les noms des inventeurs. Mais l'idée seule de supposer possible la construction d'une machine qui fît d'elle-même les calculs était une idée de génie qu'un Pascal seul pouvait réaliser pour la première fois. Cependant les tracas et la fatigue d'esprit que Pascal eut à supporter dans l'exécution de sa machine, l'altération profonde, qui en résulta pour sa santé déjà chancelante auparavant, font vivement regretter qu'il n'ait pas, de préférence, employé son temps à la recherche de quelques beaux problèmes de Géométrie.

V

Quoique le but principal de cette étude soit une analyse sérieuse et approfondie du génie mathématique de Pascal, on ne pourrait passer sous silence ses travaux en Physique sans laisser une idée incomplète de l'étendue et de la souplesse de son esprit.

Tout le monde connaît l'histoire des fontainiers de Florence qui, ayant voulu vainement élever de l'eau à plus de 32 pieds au moyen d'une pompe aspirante, demandèrent à Galilée la raison de ce fait inattendu. Comme on expliquait alors l'ascension de l'eau dans les pompes par l'horreur que la Nature avait pour le vide, Galilée pris au dépourvu répondit que l'eau ne montait qu'à 32 pieds, parce que l'horreur de la Nature pour le vide cessait à cette hauteur. Mécontent de la réponse qu'il avait improvisée, et trop vieux alors pour entreprendre de nouvelles expériences, il remit la question entre les mains de son disciple Torricelli, comme il l'avait déjà fait pour la Cycloïde.

Après avoir vérifié d'abord le fait observé par les fontainiers, Torricelli, pensant que le poids du liquide soulevé devait jouer un rôle dans l'explication du phénomène, eut l'idée de remplacer l'eau par le mercure, et il fit l'expérience suivante : ayant rempli avec du mercure un tube de 4 pieds fermé par un bout et ouvert par l'autre, il boucha avec le doigt le bout ouvert et il plongea le tube dans une cuve à mercure, de telle sorte que ce tube fût bien vertical et que le bout fermé avec le doigt fût en bas. Retirant alors le doigt de l'orifice du tube, il vit le mercure descendre dans le tube jusqu'à une hauteur, au-dessus du niveau du mercure dans la cuve, égale à la 14e partie de 32 pieds. Comme le nombre 14 représente sensiblement la pesanteur spécifique du mercure, il en concluait que le liquide soulevé dans le tube exerçait toujours la même pression sur la couche de niveau qui, dans l'intérieur du tube, était la continuation du niveau extérieur, et que cette pression était toujours égale au poids du liquide intérieur au-dessus de cette couche, quelle que fût d'ailleurs la nature de ce liquide. Étant admis ensuite que la pression sur une même couche de niveau devait être partout la même, on devait en conclure que sur deux portions égales d'une surface de niveau, l'une intérieure, l'autre extérieure au tube, devait s'exercer une même pression. Or, à quelle autre cause que la pesanteur de l'air pouvait-on attribuer la pression exercée sur la surface terminale du mercure dans la cuve? Torricelli tira effectivement cette conclusion du fait observé ; mais une mort prématurée l'empêcha de la confirmer par de nouvelles expériences et de la faire définitivement adopter.

Pascal, pendant son séjour à Rouen, entendit parler de l'expérience de Torricelli par M. Petit, son ami, intendant des fortifications à Rouen, qui lui-même tenait la nouvelle du père Mersenne. Les deux amis refirent d'abord l'expérience même de Torricelli pour en vérifier l'exactitude ; puis Pascal seul fit diverses autres expériences de son invention. La plus célèbre est celle qu'il fit en substituant au tube de Torricelli un tuyau de 46 pieds de haut, rempli de vin. Il remarqua, en particulier, que la hauteur verticale du liquide soulevé était toujours la même lorsque le tuyau était plus ou moins incliné à l'horizon. De ses expériences, il crut seulement devoir conclure que l'espace au-dessus du liquide dans le tube de Torricelli est vide, au moins de toute matière connue, et sans se prononcer encore sur la véritable cause de l'ascension du liquide dans le tube, il admit que, si l'horreur de la Nature pour le vide existait, elle n'était pas plus grande pour un petit espace que pour un grand et qu'elle était essentiellement limitée. On est d'abord étonné de la timide circonspection de Pascal ; mais l'opinion de l'horreur du vide était alors tellement dominante qu'il eut été téméraire de la combattre ouvertement, sans pouvoir donner des expériences à l'abri de toute objection sophistique. Cela est si vrai que les modestes conclusions de Pascal ne furent pas admises par tout le monde.

Un très-savant homme, le père Noël, recteur du collége des jésuites à Paris, qui, comme tous les physiciens de son temps, avait horreur du vide, entreprit de démontrer que l'espace barométrique renferme nécessairement un ou plusieurs corps. Il commence ainsi sa célèbre lettre à Pascal : « Présupposons que, comme le sang qui est dans les veines « d'un corps vivant est mélangé de bile, de pituite, de « mélancolie et de sang, qui, pour la plus notable quantité, « donne à ce mélange le nom de sang ; de même l'air « que nous respirons est mélangé de feu, d'eau, de terre « et d'air, qui, pour la plus grande quantité, lui donne le « nom d'air. C'est le sens commun des physiciens, qui en- « seignent que les éléments sont mélangés. » C'est, suivant le père Noël, la partie la plus subtile de cet air qui vient se loger au-dessus du mercure dans le tube de Torricelli, après avoir passé par les pores du verre. Voici encore, selon lui, une preuve péremptoire du plein : « La lumière, ou plutôt l'illu- « mination, est un mouvement luminaire des rayons, compo- « sés des corps lucides qui remplissent les corps transparents,

« et ne sont mus luminairement que par d'autres corps lu« cides, comme la poudre Davis n'est remuée magnétiquement « que par l'aimant : or cette illumination se trouve dans l'in« tervalle abandonné du vif argent ; il est donc nécessaire « que ces intervalles soient un corps transparent. En effet, « c'en est un, puisqu'il est un air raréfié. » Le raisonnement n'est pas, il faut l'avouer, d'une lucidité parfaite, et on voit bien que le célèbre jésuite n'avait pas été élevé à l'école des *Pères Moigno, Joubert,* etc.

Cependant Pascal, qui, au moment même où il publiait ses expériences, avait déjà entrevu que l'ascension du mercure dans le tube de Torricelli était due à la pesanteur de l'air, cherchait depuis quelque temps une expérience décisive, à l'abri de toute objection, lorsqu'il lui vint l'idée de faire l'expérience de Torricelli au haut et au bas d'une montagne suffisamment élevée.

« L'expérience, dit-il, sera décisive de la question ; car s'il « arrive que la hauteur du vif argent soit moindre au haut « qu'au bas de la montagne, il s'ensuivra nécessairement que « la pesanteur et pression de l'air est la seule cause de cette « suspension du vif argent, et non pas l'horreur du vide, « puisqu'il est bien certain qu'il y a beaucoup plus d'air qui « pèse sur le pied de la montagne que sur son sommet ; au « lieu qu'on ne saurait dire que la Nature abhorre le vide au « pied de la montagne plus que sur son sommet. »

La montagne du Puy-de-Dôme près de Clermont en Auvergne, dont la hauteur est d'environ 500 toises, fut choisie par Pascal pour la célèbre expérience. Périer, son beau-frère, conseiller à la Cour des aides de Clermont, se chargea de tous les détails d'exécution. Le 19 septembre 1648, accompagné de plusieurs de ses amis, il se rendit au couvent des Minimes qui est le lieu le plus bas de la ville, s'assura d'abord que deux tubes de Torricelli plongés dans un même vase plein de mercure avaient leur liquide au même niveau, confia l'un des tubes au père minime Chatin, après y avoir marqué le niveau du mercure et lui avoir recommandé de rester en observation pendant toute la durée de l'ascension ; et lui-même, muni de l'autre tube, gravit la montagne avec ses autres amis. Arrivé au sommet, il reconnut que le niveau du mercure, qui s'élevait à 26 pouces 3 lignes et demie au bas de la montagne, était descendu à 23 pouces deux lignes, ce qui faisait une différence de trois pouces une ligne et demie pour une hauteur de 500 toises. Plusieurs observations furent faites d'ailleurs, en plein air, à l'abri dans une chapelle, par la pluie, par le brouillard, le beau temps, et le résultat fut toujours le même. En descendant, les observateurs s'arrêtèrent en un lieu appelé *Lafon de l'Arbre*, plus près de la base que du sommet de la montagne, et ayant observé le tube, reconnurent que le niveau du mercure était remonté à 25 pouces : « C'est, dit Périer, ce qui n'augmenta pas peu la satisfaction « des observateurs qui voyaient la hauteur du vif argent « diminuer suivant la hauteur du lieu. » Enfin, étant revenu au couvent des Minimes, Périer y apprit que le niveau du mercure était resté invariable dans le tube confié au père Chatin, et il reconnut que, dans le second tube, le mercure avait repris son niveau primitif de 26 pouces 3 lignes et demie.

On voit avec quel soin l'expérience fut conduite, et quoique Pascal n'y ait pas pris une part directe, comme il avait eu avec Périer plusieurs conversations à ce sujet, on y sent l'influence de son esprit si net et si méthodique. Plusieurs observations furent faites ensuite sur des édifices de différentes hauteurs par Périer à Clermont et par Pascal à Paris. C'est pour conserver le souvenir d'une de ces dernières observations faites au haut de la tour Saint-Jacques qu'on a placé la statue de Pascal au pied de cet édifice.

L'expérience du Puy-de-Dôme eut un tel retentissement dans le monde entier que la nouvelle en arriva jusqu'aux oreilles de Descartes alors en Suède, auprès de la reine Christine. Dans une lettre que Descartes adresse à Carcavi à ce sujet, il revendique pour lui l'honneur d'avoir eu, le premier, l'idée de l'expérience qu'il avait, dit-il, conseillée à Pascal et dont il avait prédit le résultat conforme à ses principes, tandis que Pascal était dans des sentiments opposés. Ici Condorcet, fidèle à sa consigne, ne manque pas de se ranger du côté de Descartes ; mais, comme le dit très-bien Bossut, contre un homme tel que Pascal, un physicien qui donne la suite des idées qui l'ont conduit à une expérience décisive, Descartes doit prouver, et le simple témoignage qu'il rend à lui-même dans sa propre cause ne peut être d'aucun poids. D'ailleurs, comment Descartes, qui ne croyait pas à la possibilité du vide, peut-il dire que l'ascension du mercure dans le tube barométrique est une conséquence de ses principes ; et s'il a prédit le résultat de l'expérience du Puy-de-Dôme, n'est-il pas à croire qu'il faisait intervenir dans son explication quelque matière subtile à la manière du père Noël. C'est ce qui semble d'ailleurs très-probable d'après une lettre de Jacqueline Pascal qui a été reproduite en entier dans la Note I. Cette lettre est d'ailleurs très-curieuse en elle-même, parce qu'elle met en scène, d'une façon très-comique, Roberval et Descartes, et qu'elle montre que ce dernier était au fond très-bon homme et aussi sage médecin, puisqu'il se contenta de recommander à Pascal malade le lit et force bouillons.

Les expériences de Pascal relatives à l'ascension des liquides sous l'influence de la pesanteur le conduisirent à étudier les conditions générales de l'équilibre des liquides. Il démontre, par diverses expériences, dans son traité de l'*Equilibre des liqueurs*, que, dans un liquide en équilibre, les pressions sur deux parties égales d'une couche de niveau étaient elles-mêmes égales, et que la pression exercée par le liquide, sur une partie quelconque d'une couche horizontale, était égale au poids du cylindre vertical qui avait pour base cette partie de la couche et, pour hauteur, sa distance à la surface terminale du liquide. Il conclut aisément de là qu'un corps plongé dans un liquide doit être considéré comme soumis à l'action d'une force agissant, de bas en haut, dans le sens vertical, et avec une intensité égale au poids d'un volume d'eau égal au volume du corps. La plus célèbre des expériences de Pascal est celle qu'il fit avec un vase plein d'eau, muni de deux ouvertures dans chacune desquelles passait un tuyau vertical. L'un des tuyaux était d'ailleurs très-étroit, et l'autre, au contraire, très-large. Ayant versé de l'eau dans le premier et placé dans le second un piston surmonté d'un poids, il reconnut qu'avec un très-petit poids d'eau dans le petit tuyau, il faisait équilibre à un poids très-considérable dans l'autre. On voit que le principe de la *Presse hydraulique* était trouvé. Voici maintenant l'explication théorique que Pascal donne de son expérience.

Pour plus de clarté, il suppose d'abord que l'eau s'élève à la même hauteur dans les deux tuyaux, et qu'un piston occupant toute leur largeur soit placé sur l'eau dans chacun d'eux. Alors, si la section du petit tuyau est cent fois plus petite que celle de l'autre, un homme poussant le petit piston doit produire une force égale à celle de cent hommes poussant l'autre. En effet, si le liquide se mettait en mouvement dans les deux tubes, qu'il descendît, par exemple, dans le plus petit et qu'il montât dans l'autre, la hauteur de la montée devrait être cent fois plus petite que celle de la descente: donc, comme les chemins parcourus, d'après un principe connu de Mécanique, doivent être en raison inverse des forces, celle qui s'exerce sur le grand piston doit être centuple de l'autre.

Pascal donne encore une autre démonstration en prenant, pour axiome de Mécanique, ce principe : que jamais un corps ne se meut par son propre poids sans que son centre de gravité descende. Or, si l'on admet que le mouvement ait lieu, les centres de gravité des deux pistons décriront deux droites parallèles dont l'une sera cent fois plus petite que l'autre. Alors les droites, qui joignent les deux centres de gravité dans les deux positions, forment avec les deux chemins parcourus deux triangles semblables et se partagent mutuellement dans le rapport de 1 à 100; d'où il suit que leur point de rencontre est le centre de gravité du système dans les deux positions des pistons. Ainsi le centre de gravité serait resté immobile pendant le mouvement; ce mouvement est donc impossible en vertu de l'axiome de Mécanique.

Pascal a aussi composé un traité *sur la pesanteur de l'air.* Chaque expérience qu'il fait dans ce nouveau traité est mise en regard de sa similaire du premier traité dans laquelle une colonne d'eau remplace une colonne d'air, et la lumière d'une des expériences rejaillit sur l'autre. Disons enfin, pour terminer ce sujet, que les deux traités de Pascal sont un modèle incomparable de clarté dans les idées et de netteté dans le style, et qu'on les lit encore aujourd'hui avec le plus vif plaisir; surtout si l'on a soin, pour se mettre en goût, de lire une page des lettres du Père Noël à Pascal ou mieux encore de son fameux traité : *Le plein du vide.*

VI

J'arrive maintenant à l'objet principal de ce travail : l'étude du génie mathématique de Pascal. On a déjà vu, dès les premières années de Pascal, se manifester, avec la plus grande puissance, sa double aptitude pour les combinaisons et la Géométrie : ce sont ces deux côtés de son talent que je vais essayer de mettre successivement en lumière.

Remarquons, avant tout, que Pascal excellait dans ces idées d'ordre et de combinaison qui sont la base de l'Algèbre supérieure (*), mais qu'il paraît avoir ignoré ou au moins dédaigné l'Algèbre élémentaire. Dans aucun de ses écrits on ne trouve de calculs algébriques (tout au plus quelques multiplications y figurent), et rien ne prouve qu'il ait étudié sérieusement l'Algèbre de Viète ou la Géométrie analytique de Descartes. Son *triangle arithmétique,* que nous allons maintenant décrire, supplée quelquefois, dans quelques-uns de ses travaux géométriques, à l'Algèbre élémentaire qui lui manque, comme on voit plus tard M. Poinsot, avec le même dédain pour l'Algèbre, suppléer, dans ses travaux, aux longs dévelop-

(*) Voyez ce qui est dit de l'*Algèbre* (page 8).

pements analytiques par l'emploi des *couples* dont il avait créé la théorie.

Voici quelle est la construction du triangle arithmétique : Sur une première ligne, on écrit l'unité à la suite d'elle-même autant de fois que l'on veut; puis au-dessous de cette ligne on écrit d'autres lignes commençant par l'unité et dont les nombres satisfont à cette condition : que chacun d'eux est égal à la somme du nombre placé à sa gauche et du nombre écrit au-dessus de lui. Chaque ligne contient d'ailleurs un nombre de moins que la ligne précédente, et il arrive ainsi que la figure formée par l'ensemble des nombres a la forme d'un triangle rectangle. La ligne qui contient les derniers nombres à droite s'appelle la base du triangle.

Il résulte d'abord évidemment du mode de construction que les nombres d'une ligne du tableau sont les mêmes et se présentent dans le même ordre que les nombres de la colonne de même rang. Les nombres de la deuxième ligne ou de la deuxième colonne s'appellent nombres du premier ordre, ceux de la troisième ligne ou de la troisième colonne nombres du second ordre et ainsi de suite. Le théorème fondamental que l'on démontre immédiatement comme conséquence du mode de formation du tableau est celui-ci : *un nombre quelconque du tableau est égal à la somme de tous les nombres de la ligne précédente depuis l'unité jusqu'au nombre placé au-dessus de lui, ou bien encore à la somme de tous les nombres compris, dans la colonne précédente, depuis l'unité jusqu'au nombre placé à côté de lui dans la même ligne.* Pascal considère aussi les lignes du triangle qui sont parallèles à la base, et, en commençant par la gauche, il obtient dans la première ligne, 1 dans la deuxième, 1, 1 dans la troisième 1, 2, 1, etc.

Il fait voir alors que les nombres écrits dans les différentes lignes obliques, à partir de la deuxième, sont les coefficients des différentes puissances d'un binôme $x + a$, en commençant par la première. Un théorème fait d'ailleurs connaître l'expression du rapport de deux termes consécutifs dans une ligne parallèle à la base, lorsque l'on connaît les rangs des deux termes dans cette ligne. Si Pascal avait voulu ou su employer la notation algébrique, rien ne lui était plus facile que d'écrire le développement algébrique de $(x + a)^m$, comme Newton l'a fait plus tard; et par l'emploi de l'Algèbre, il aurait évité bien des longueurs inutiles. Ce n'est pas, du reste, le seul reproche que l'on puisse adresser à Pascal, quoique la netteté de ses idées et de son style soit toujours admirable, l'emploi qu'il fait de certains mots *exposant, racine* détournés de leur sens ordinaire, ses cellules, ses lettres grecques au moins inutiles, la minutie des détails rendent quelquefois la lecture de son exposé un peu pénible.

On ne peut s'empêcher ici de remarquer combien une théorie gagne en clarté lorsqu'elle a passé par l'enseignement. Ces simples mots *ligne* et *colonne* employés aujourd'hui simplifient tout : et on peut dire qu'en Mathématiques *tout le monde* a quelquefois plus d'esprit que Pascal lui-même (*).

Une des plus belles applications du triangle arithmétique est celle que Pascal en fait au calcul des probabilités dont il est le premier inventeur. Voici quelle est l'origine de cette partie si intéressante des Mathématiques. Le chevalier de Meré, homme d'esprit, mais étranger auxm athématiques, avait posé à

(*) Voyez la note IV pour l'exposé du *triangle arithmétique* avec les notations modernes et pour les conséquences importantes qu'on en déduit.

Pascal les deux questions suivantes : Si on joue plusieurs fois avec deux dés, combien faudra-t-il de coups au minimum, pour que l'on puisse parier avec avantage qu'au bout de ce nombre de coups on aura fait le sonnez ? Si deux joueurs mettent au jeu la même somme, et qu'ils conviennent que la mise totale appartiendra de droit à celui qui gagnera le premier un nombre déterminé de parties, comment la répartition des enjeux doit-elle être faite quand les joueurs cessent le jeu avant que l'un d'eux ait gagné ? La première question fut résolue par Pascal, puis par Fermat et Roberval à qui il les avait proposées ; mais la seconde fut résolue par Pascal et Fermat seuls, Roberval n'y ayant pu réussir.

Les solutions du premier problème données par les trois géomètres n'ont pas été conservées. Seulement Pascal, dans une de ses lettres à Fermat, dit que, si l'on entreprend de faire sonnez avec deux dés, il y a désavantage de l'entreprendre en 24 coups et avantage au contraire en 25 coups; et il ajoute que, si l'on veut faire un six avec deux dés, au bout de 4 parties, il y aurait 671 chances favorables contre 625 contraires, d'où avantage de parier pour le point 6. Les deux problèmes n'en font, à proprement parler, qu'un seul, et la solution du second nous conduira immédiatement à celle du premier. Voici probablement comment Pascal a raisonné.

Au premier coup, la probabilité d'amener 6 est évidemment $\frac{1}{6}$ et, par suite, la probabilité contraire est $\frac{5}{6}$. Quand deux coups ont été joués, ou ce qui revient au même, quand un seul coup a été joué avec deux dés, le nombre des cas possibles est 6^2 ou 36. Pour avoir maintenant le nombre des cas défavorables à l'événement, il suffit de supposer que, sur chacun des deux dés, la face contenant le nombre 6 est supprimée, et alors il y aura un nombre de combinaisons défavorables égal à 5^2; la probabilité contraire à l'événement est donc $\left(\frac{5}{6}\right)^2$. On voit d'ailleurs de la même manière qu'après n coup, la probabilité contraire à l'événement a pour expression $\left(\frac{5}{6}\right)^n$. Or, si dans cette dernière expression on fait successivement n égal à 3 et à 4, on trouve dans le premier cas, 91 chances favorables pour 125 contraires, et, dans le second cas, 671 chances favorables pour 125 contraires. Il y a donc avantage, comme Pascal l'a trouvé, de parier que l'on fera un point déterminé au bout de 4 parties.

Le premier problème de Méré, se ramène évidemment au précédent. En effet, le jet de deux dés produisant 36 combinaisons, les deux dés peuvent être remplacés par un seul qui aurait 36 faces, et, par conséquent, la probabilité de ne pas amener sonnez, c'est-à-dire deux *six* après n parties, a pour expression $\left(\frac{35}{36}\right)^n$. Tout revient donc à vérifier par un calcul numérique que la fraction $\left(\frac{35}{36}\right)^n$ est plus petite que 2 pour n égal à 24, mais supérieure à 2 pour n égal à 25. Or, c'est là un calcul qui n'offre aucune autre difficulté que sa longueur (*).

Pour résoudre le deuxième problème proposé par Méré, Pascal remarque d'abord que le nombre de parties déjà gagnées par les deux joueurs est indifférent si ce nombre est le même pour tous deux, et que, par suite, la question peut être transformée ainsi : Comment doit-on partager l'argent mis au jeu entre les deux joueurs à qui il manque un certain nombre de parties, lorsqu'ils se séparent avant de les jouer. La règle

(*) La vérification à l'aide d'une table de logarithmes est immédiate.

pour faire ce partage est appelée par Pascal le *parti;* elle repose sur trois principes qu'il énonce comme il suit :

1er *Principe.* « Si l'un des joueurs se trouve en telle con-
« dition que, quoi qu'il arrive, une certaine somme doit lui
« appartenir en cas de perte et de gain, sans que le hasard
« puisse la lui ôter, il ne doit en faire aucun parti, mais la
« prendre entière comme assurée, parce que le parti devant
« être proportionné au hasard, puisqu'il n'y a nul hasard de
« perdre, il doit tout retenir. »

2e *Principe.* « Si deux joueurs se trouvent en telle condition
« que, si l'un gagne, il lui appartiendra une certaine somme,
« et s'il perd, elle appartiendra à l'autre; si le jeu est de pur
« hasard, et qu'il y ait autant de hasards pour l'un que pour
« l'autre, s'ils veulent se séparer sans jouer et prendre ce qui
« leur appartient légitimement, le parti est qu'ils séparent
« la somme qui est au hasard par la moitié et que chacun
« prenne la sienne. »

3e *Principe.* « Si deux joueurs jouent à un jeu de pur ha-
« sard à condition que, si le premier gagne, il lui reviendra
« une certaine somme, et s'il perd, il lui en reviendra une
« moindre; s'ils veulent se séparer sans jouer et prendre ce
« qui leur appartient, le parti est que le premier prenne ce
« qui lui revient en cas de perte, et, de plus, la moitié de
« l'excès dont ce qui lui reviendrait en cas de gain surpasse ce
« qui lui reviendrait en cas de perte, ou, ce qui revient au
« même, qu'il prenne la demi-somme des deux sommes qui
« lui reviennent en cas de gain ou de perte. »

Les deux premiers principes sont évidents, et il est aisé de voir que le troisième est la conséquence des deux autres.

« Supposons, par exemple, avec Pascal, que les deux joueurs « jouent à la condition que, si le premier gagne, il emportera « 8 pistoles, et s'il perd, il en emportera 2, je dis que le parti « est qu'il prenne 2 plus la moitié de 8–2 ou 3, c'est-à-dire « 5 pistoles : car, par l'hypothèse, s'il gagne, il emporte 8, « c'est-à-dire $6+2$, et s'il perd, il emporte 2; donc ces 2 « lui appartiennent en cas de perte et de gain, et, par consé- « quent, par le premier principe, il ne doit en faire aucun « parti mais les prendre entières. Mais pour les 6 autres elles « dépendent du hasard, de sorte que s'il lui est favorable, il « les gagnera, sinon elles reviendront à l'autre; et, par l'hypo- « thèse, il n'y a pas plus de raison qu'elles reviennent à l'un « qu'à l'autre; donc le parti est qu'ils les séparent par la moitié, « et que chacun prenne la sienne. » Ainsi, si l'un des joueurs doit avoir a en cas de gain d'une partie et b en cas de perte, si l'on se sépare sans jouer, il devra prendre $b+\frac{a-b}{2}$ ou $\frac{a+b}{2}$.

Les principes précédents étant posés, Pascal considère plusieurs cas, suivant qu'une partie manquant à l'un des joueurs, il en manque à l'autre deux, trois ou quatre. Dans le premier cas, Pascal raisonne ainsi : « Il est visible que, si celui à « qui il ne manque qu'une partie, gagne cette partie qui va se « jouer, il ne lui en manquera plus : donc tout lui appartien- « dra; mais, au contraire, si celui à qui il manque deux parties « gagne celle qu'ils vont jouer, il ne lui en manquera plus « qu'une; donc ils seront en telle condition, qu'il en manquera « une à l'un et à l'autre, et, par conséquent, d'après le « deuxième principe, ils doivent partager l'argent par la moi- « tié. Ainsi, si le premier gagne la partie qui va se jouer, il « lui appartient tout, et s'il la perd, il lui appartient la moitié. « Donc en cas que les joueurs veulent se séparer sans jouer

« cette partie, par le troisième principe, il lui appartient « $\frac{1}{2}+\frac{1}{4}$ ou les $\frac{3}{4}$ de la somme mise au jeu. »

Pascal ramène ensuite facilement le second cas au premier, puis le troisième au second, et ainsi de suite. Il examine aussi le cas où il manquerait deux parties au premier joueur et trois à l'autre, et il fait rentrer ce nouveau cas dans ceux qu'il a déjà traités. Enfin, il montre que sa méthode est générale quel que soit le nombre des parties qui restent à gagner aux deux joueurs.

Jusqu'ici il n'a pas été question du triangle arithmétique ; mais c'est à l'aide de ce triangle que Pascal démontre les trois théorèmes suivants :

THÉORÈME I. — *Pour partager la somme totale mise au jeu par deux joueurs lorsqu'ils quittent le jeu au moment où il manque* n *parties au premier et* p *parties au second, faites le partage proportionnellement aux sommes des* p *premiers nombres à droite et des* n *premiers nombres à gauche de la* $(n+p)^{me}$ *ligne du triangle* (Tableau 2, note IV).

THÉORÈME II. — *Deux joueurs jouant chacun une même somme en un certain nombre* m *de parties données, la valeur de la dernière partie sur l'argent du perdant est* $\frac{1}{2^m}$.

THÉORÈME III. — *Deux joueurs jouant chacun une même somme en un certain nombre* m *de parties données, la valeur de la première partie sur la mise du perdant est* $\frac{C_{2m-2,\,m-1}}{2^{2m-2}}$. (*On désigne, comme à l'ordinaire par* $C_{m,n}$ *le nombre des combinaisons de* m *lettres* n *à* n).

THÉORÈME IV. — *Deux joueurs jouant chacun une même somme en un certain nombre de parties, la valeur de la seconde partie sur la mise du perdant est double de la valeur de la première partie.*

Pascal démontre le premier théorème par la méthode indirecte. Il le vérifie d'abord pour le cas où il manque deux parties en tout aux deux joueurs, et il fait voir ensuite que s'il est vrai pour le cas où il manque m parties aux deux joueurs, il est vrai encore quand il leur manque $m+1$ parties. Il ramène ensuite aisément les trois derniers théorèmes au premier.

Dans sa première lettre à Fermat, relative au calcul des probabilités, Pascal donne cet autre énoncé du théorème III : *Deux joueurs jouant chacun une même somme en un nombre* m *de parties, la valeur de la première partie sur la mise du perdant est une fraction dont le numérateur est le produit des* m — 1 *premiers nombres impairs et le dénominateur le produit des* m — 1 *premiers nombres pairs.* Mais on démontre aisément que les fractions des deux énoncés sont égales (*).

On voit le merveilleux parti que Pascal a su tirer de son triangle ; il paraît très-probable qu'il l'a inventé et en a découvert les principales propriétés en cherchant la solution des problèmes proposés par le chevalier de Méré.

Dans la lettre déjà citée, Pascal, après avoir traité le cas de deux joueurs, dit avoir résolu le problème pour un nombre quelconque de joueurs, et il donne, mais sans démonstration, la solution exacte de ce problème : *Trois joueurs, qui mettent la même somme au jeu, se séparent sans jouer, lorsqu'il*

(*) Voyez *Questions de Trigonométrie* (page 120, 2me édition).

manque une partie au premier joueur et qu'il en manque deux à chacun des deux autres: faire le parti. Comme on a souvent répété, après Laplace, que la méthode de Pascal ne s'applique qu'au cas de deux joueurs, il n'est peut-être pas inutile de montrer que cette méthode s'applique très-bien au problème proposé.

Supposons qu'il manque d'abord une partie à chacun des deux premiers joueurs et deux parties au troisième, et que chacun des joueurs ait mis 9 francs au jeu. Si le troisième gagne et que les joueurs se séparent, comme il manque à chacun une partie, ils devront tous les trois rentrer dans leur mise de 9 francs. Mais si le troisième joueur perd, il ne recevra rien, et l'un des deux autres, qui est gagnant, emportera le tout, c'est-à-dire 27 francs. Or la probabilité qu'a le troisième joueur de gagner la partie étant $\frac{1}{3}$, puisque les trois joueurs ont la même chance de la gagner, si la partie n'est pas jouée, le troisième joueur aura droit au tiers de 9 francs, c'est-à-dire à 3 francs, et, par suite, les deux autres joueurs auront chacun, la moitié du restant, c'est-à-dire 12 francs. Cela posé, revenons au problème de Pascal. Si le premier joueur gagne, il emportera 27 francs, mais s'il perd, on rentre dans le cas précédent, et il ne recevra que 12 francs. Mais, dans tous les cas, 12 francs lui sont assurés, et comme la probabilité qu'il a de gagner les 15 francs qui restent est $\frac{1}{3}$, il aura donc encore le $\frac{1}{3}$ de 15 francs, c'est-à-dire 5 francs. Il recevra donc en tout 17 francs, et, par suite, les deux autres recevront chacun 5 francs. Les nombres 17, 5, 5 sont effectivement ceux qui ont été trouvés par Pascal.

Après avoir résolu ses problèmes, Pascal les proposa à Fermat, qui les résolut pour un nombre quelconque de joueurs et par une méthode toute différente.

Pour résoudre le problème de Pascal relatif à trois joueurs, Fermat remarque d'abord qu'il est permis de supposer fictivement que les joueurs, au lieu de se séparer après que l'un d'eux a gagné le nombre de parties fixé d'avance, continuent encore de jouer un nombre quelconque de parties. En effet, si le joueur qui a gagné, continue de jouer, il n'a pas mieux gagné, et les parties que les autres joueurs pourraient gagner ensuite ne pourraient leur servir. Or comme, dans le problème proposé, le jeu sera nécessairement décidé en trois parties, on cherchera de combien de manières les trois parties peuvent se combiner, et on verra quelles sont les combinaisons favorables à chacun des joueurs. Soient a, b, c, les lettres qui représentent le gain d'une partie, respectivement, par le premier, le second et le troisième joueur, et supposons que ces lettres écrites sur une même ligne, étant lues de gauche à droite, s'appliquent respectivement à la première, à la seconde et à la troisième partie.

Parmi les 27 arrangements complets des 3 lettres, on devra évidemment considérer comme favorables au premier joueur, tous les arrangements qui contiennent la lettre a à la première ou à la deuxième place à gauche, ou bien qui contiennent cette lettre à la troisième place lorsque les deux autres places ne sont pas occupées par l'une ou l'autre des lettres b et c écrite deux fois. Or les arrangements satisfaisant à ces conditions sont : *aaa, aab, aac, aba, abb, abc, aca, acc, acb, baa, bab, bac, bca, caa, cab, cba, cac,* et ils sont au nombre de 17. Il y a donc 17 chances pour le premier joueur et 5 chances pour chacun des deux autres; et si l'on a mis 27 pistoles au jeu, le premier, devra recevoir 17 pistoles et les deux autres 5 pistoles.

Pascal n'avait pas d'abord compris la solution de Fermat; il croyait que les combinaisons *abb*, *acc* donnaient chacune une demi-chance seulement au premier joueur, ne faisant pas attention qu'une fois la première partie gagnée par le premier joueur, le jeu était décidé et que les parties gagnées par l'un ou l'autre des deux autres joueurs ne leur servaient à rien. Mais c'est là une de ces inadvertances comme il en échappe aux plus grands géomètres; bientôt il reconnut son erreur et il fit, aux explications de Fermat qui lui avait en même temps communiqué quelques-uns de ses théorêmes sur les nombres, cette belle réponse qui mérite d'être rappelée: « Votre der-« nière lettre m'a parfaitement satisfait; j'admire votre mé-« thode pour les parties, d'autant mieux que je l'entends fort « bien; elle est entièrement vôtre, et n'a rien de commun « avec la mienne et arrive au même but facilement. Voilà « notre intelligence rétablie. Mais, Monsieur, si j'ai concouru « avec vous en cela, cherchez ailleurs qui vous suive dans « vos inventions numériques dont vous m'avez fait la grâce « de m'envoyer les énonciations : pour moi je vous confesse « que cela me passe de bien loin ; je ne suis capable que de « les admirer, et vous supplie très-humblement d'occuper « votre premier loisir à les achever ».

Fermat, pour lever tous les doutes, fit aussi usage, dans la solution du même problème, des probabilités composées. Dans la lutte courtoise entre les deux grands géomètres, on admire, dans Pascal, la finesse et la souplesse d'esprit, et dans Fermat, un esprit ferme et sûr de lui. Il semble que, depuis ses anciennes luttes avec Descartes, le génie de Fermat ait grandi en force et en étendue ; son style s'élève aussi quelquefois jusqu'à la hauteur de celui de Pascal. A propos d'un théorème sur les nombres figurés qu'il a trouvé en même temps que Pascal, il lui écrit : « Nos coups fourrés continuent « toujours, et je suis aussi bien que vous dans l'admiration « de quoi nos pensées s'ajustent si exactement, qu'il me « semble qu'elles aient pris une même route et fait un même « chemin : vos derniers traités du *Triangle arithmétique* et de « *son application* en sont une preuve authentique ; et si mon « calcul ne me trompe, votre onzième conséquence courait « la poste de Paris à Toulouse, pendant que ma proposition « des nombres figurés, qui en effet est la même, allait de « Toulouse à Paris. Je n'ai garde de faillir, tandis que je « rencontrerai de cette sorte ; et je suis persuadé que le vrai « moyen pour s'empêcher de faillir est celui de concourir « avec vous. Mais, si j'en disais davantage, la chose tiendrait « du compliment, et nous avons banni cet ennemi des conver- « sations douces et aisées. »

On a vu avec quelle netteté et quelle finesse Pascal a résolu les problèmes qui lui avaient été proposés sur les jeux de hasard ; cependant Condorcet, dans son éloge de Pascal, écrit « ceci : Les principes que Pascal emploie dans ce calcul (calcul « des probabilités) reviennent à ceux d'Huyghens qui s'en est « occupé à peu près dans le même temps. et il me semble « qu'il les appuie sur des raisons encore moins sûres. » Mais tous les géomètres ont admis les principes posés par Pascal, Fermat et Huyghens, comme étant d'une clarté parfaite ; et ils ne pouvaient être contestés que par un esprit paradoxal, comme ne le fut que trop souvent celui de Condorcet.

Pascal, dans plusieurs traités, a encore appliqué son triangle à la démonstration de plusieurs théorèmes sur les combinaisons, les nombres figurés et l'évaluation de la somme des mêmes puissances des termes d'une progression arithmétique; mais ces matières sont trop connues pour qu'il y ait lieu ici à quelques développements; d'ailleurs tout ce qui est nécessaire est donné dans la note IV. On trouve cependant, dans le *Traité des ordres numériques*, une règle remarquable qui assigne des limites pour la racine, d'indice quelconque, d'un nombre entier. La démonstration de cette règle, qui n'a pas été donnée par Pascal, est l'objet de la note VI.

J'aurai achevé d'énumérer tous les travaux de Pascal sur les nombres, en rappelant qu'il a écrit, avec sa clarté habituelle, un chapitre d'Arithmétique relatif aux caractères de divisibilité des nombres entiers par d'autres nombres aussi entiers. Il ramène la question, comme on le fait encore aujourd'hui, à la détermination des restes des différentes puissances de la base de numération par le diviseur donné.

VII

Nous voici maintenant arrivé aux travaux de Pascal sur la Géométrie. Disons tout d'abord que Pascal a cultivé avec un égal succès les deux Géométries, élémentaire et supérieure. Dans la première, il est le disciple de Desargues et le continuateur d'Apollonius. Dans la seconde, il est l'un des successeurs d'Archimède, et il a pour maîtres Cavalieri et Roberval. Je vais parler d'abord du premier ordre de travaux.

Dans une letttre qu'il adresse aux membres de la célèbre *Académie Parisienne* (il s'agit de cette Académie libre dont il a été parlé au début de cette étude), Pascal donne la liste et indique l'objet des ouvrages de Géométrie qu'il a composés ou qu'il se propose d'écrire. Ces ouvrages sont les suivants : 1° *Promotus Apollonius Gallus* dont l'objet est le contact des cercles ; 2° *Tactiones sphæricæ,* c'est-à-dire problèmes sur les sphères tangentes ; 3° *Tactiones conicæ,* ou détermination d'une conique d'après cinq conditions données ; 4° *Loci solidi,* traité des lieux plans plus étendu que ce qui avait déjà était fait sur ce sujet et par une méthode neuve et expéditive ; 5° *Conicorum opus completum,* ouvrage dans lequel Pascal donnait les propriétés déjà connues d'Apollonius avec un grand nombre de propriétés nouvelles ; 6° *Perspectivæ methodus,* méthode dans laquelle chaque point du tableau se construisait par l'intersection de deux lignes droites. Malheureusement de tous ces écrits, il n'est resté que quelques pages portant en tête : *Essai sur les coniques.* Il faut ajouter cependant que Leibnitz, dans une lettre adressée à l'un des fils de Périer qui lui avait remis les manuscrits de son oncle relatifs aux coniques, en fait une analyse succincte et indique le plan d'un traité sur les coniques que l'on pourrait recomposer en les réunissant.

Pour donner une idée de l'essai sur les coniques, cette œuvre de la jeunesse de Pascal dont il a été déjà parlé, je ne puis mieux faire que de reproduire l'analyse qui en a été faite par M. Chasles :

« Le fameux théorème de l'hexagramme mystique se « trouve d'abord énoncé, comme lemme, d'où tout le reste « doit se déduire.

« La première des propositions qui viennent ensuite est « encore relative à l'hexagone inscrit à une conique ; c'est

« une relation entre les segments faits, sur deux de ses côtés « par deux autres côtés et deux diagonales. Cette relation « n'est au fond que le théorème de Desargues sur l'involution « de six points, mais présenté sous un point de vue différent.

« La proposition suivante, exprimée par une double égalité « de rapports renferme deux propositions différentes : la « première est relative à la constance du rapport anharmo- « nique qu'un faisceau de quatre droites détermine sur une « transversale qui les coupe; la seconde est le théorème de « Ptolémée sur le triangle coupé par une transversale.

« Puis vient une proposition qui, eu égard à ce théorème « de Ptolémée, se réduit à la belle et importante propriété des « coniques, relative aux segments qu'une telle courbe fait « sur les trois côtés d'un triangle. La propriété suivante est « cette même propriété des coniques étendue à un quadrila- « tère quelconque.

« Ensuite on remarque le fameux théorème sur l'involu- « tion de six points, dont le premier inventeur, dit Pascal, est « M. Desargues, un des grands esprits de ce temps et des « plus versés en mathématiques, et entre autres aux co- « niques ».

L'analyse précédente peut aider à mieux comprendre le résumé succinct que Leibnitz, dans la lettre dont il a été parlé plus haut, fait des traités de Pascal remis entre ses mains.

Dans le premier traité, qui servait de base à tout le reste, Pascal déduisait les propriétés des coniques de celles du cercle par la perspective; le deuxième traité roulait sur l'hexagramme mystique. « Après avoir expliqué, dit Leibnitz, la génération « des sections du cône, faite optiquement par la projection « d'un cercle sur un plan qui coupe le cône des rayons, il

« explique les propriétés remarquables d'une certaine figure, « composés de six lignes droites ; ce qu'il appelle hexagramme « mystique. »

Les applications de l'hexagramme mystique, dans le cas principalement où il est composé d'un quadrilatère inscrit dans la conique et des tangentes menées par deux sommets opposées, les propriétés des diamètres et des centres, et probablement, d'après M. Chasles, celles des pôles et polaires formaient l'objet du troisième traité.

Le quatrième traité avait pour titre: *de proportionibus segmentorum secantium et tangentium* : Leibnitz y avait rattaché une feuille qui portait pour titre ; *de correspondentibus diametrorum et de focis.*

Dans le cinquième traité, Pascal résolvait les problèmes où il s'agit de déterminer une conique par cinq conditions.

Enfin le sixième traité intitulé par Leibnitz de *loco solido* avait pour objet le problème de Pappus *ad tres et quatuor lineas*, déjà résolu par Descartes et Fermat.

La théorie des pôles et des polaires peut se déduire de l'hexagramme mystique dans le cas particulier que nous avons indiqué, et les propriétés des diamètres et des centres sont la conséquence immédiate de celles des pôles et polaires. Il y a lieu de supposer que telle a été la marche de Pascal dans son troisième traité. Quant à la théorie des foyers dans les coniques à centre, on peut admettre que Pascal, dans le quatrième traité, démontrait, comme lemme, cette proportion d'Apollonius ; *dont toute conique à centre, le produit des segments, que détermine une tangente mobile sur deux tangentes fixes parallèles, à partir de leur point de contact, est constant.* Alors il pouvait, comme Desargues, définir les foyers : *deux points situés sur l'un des axes de la conique tels, que de ces points on voie, sous un angle constant, le segment d'une tangente mobile intercepté entre deux tangentes fixes, parallèles entre elles.* D'après le lemme, on voyait d'abord que les deux points étaient fixes ; puis on pouvait démontrer successivement : 1° que, si des deux foyers ainsi définis, on abaissait des perpendiculaires sur la tangente mobile, le produit de leurs longueurs était constant, et leurs pieds étaient situés sur la circonférence ayant l'axe focal pour l'un de ses diamètres ; 2° que la tangente faisait des angles égaux avec les rayons vecteurs du point de contact ; 3° que la somme ou la différence des rayons vecteurs était constante. Si la conjecture que je présente ici n'est pas trop hasardée, on voit que les droites, qui joignent un foyer aux points où la tangente mobile rencontre les tangentes fixes parallèles, étant rectangulaires conjuguées, la définition de Pascal se rattache intimement à celle que M. Chasles donne dans son traité des coniques.

En résumé, on peut dire que, dans ses travaux sur les coniques, Pascal s'est montré le digne précurseur de Poncelet et de M. Chasles ; c'est-à-dire qu'il est, avec Desargues, l'un des créateurs des méthodes modernes en Géométrie.

Pascal s'est aussi occupé, comme il a été dit dans l'énumération de ses travaux géométriques, du contact des cercles et des sphères, à l'exemple de Fermat ; il avait même remplacé la condition de tangence par la condition, pour un cercle, de couper une droite donnée sous un angle donné, et, pour une sphère, de couper un plan sous un angle donné. A la fin de sa première lettre à Fermat sur le calcul des probabilités, Pascal dit : « J'ai résolu ces problèmes pleinement, n'employant dans « la construction que des cercles et des lignes droites. Mais

« dans la démonstration, je me sers de lieux solides, de paraboles et hyperboles. Je prétends, néanmoins, qu'attendu « que la construction est plane, ma solution est plane et doit « passer pour telle. » On trouvera dans la note VII un essai de divination de la méthode suivie par Pascal.

VIII

Il ne reste plus qu'à faire connaître les travaux de Pascal sur la Géométrie infinitésimale. Ils sont au nombre de quatre: l'évaluation d'un solide formé par le moyen d'une spirale autour d'un cône; la démonstration de l'égalité de deux arcs d'une parabole et d'une spirale; l'étude des propriétés de la cycloïde; la détermination des dimensions et des centres de gravité de l'*Escalier* et des triangles cylindriques.

Pour les deux premières questions, nous dirons seulement que, dans l'une, Pascal procède à la manière de Cavalieri et de Roberval, et que, dans l'autre, donnant une démonstration à la manière des anciens, il se montre, pour la forme comme pour le fond, le digne rival d'Archimède. Quant au dernier travail, il se rattache si étroitement à l'étude de la cycloïde, qu'il est inutile de s'y arrêter. Nous pouvons donc maintenant nous occuper exclusivement des travaux de Pascal sur la cycloïde, son plus grand titre à l'admiration des géomètres.

J'ai déjà raconté, à propos de Roberval, le commencement de l'histoire de la Roulette (cycloïde); pour la suite de cette histoire, je laisserai d'abord parler Pascal lui-même.

« La connaissance de la roulette ayant été portée jusque-

« là par M. de Roberval (*), la chose était demeurée en cet « état depuis quatorze ans, lorsqu'une occasion imprévue « m'ayant fait penser à la Géométrie que j'avais quittée, « il y avait longtemps, je me formai des méthodes pour « la dimension et les centres de gravité des solides, des « surfaces planes et courbes, et des lignes courbes aux- « quelles il me sembla que peu de choses pourraient « échapper ; et pour en faire l'essai sur un sujet des plus dif- « ficiles, je me proposai ce qui restait à connaître de la nature « de cette ligne : savoir, les centres de gravité de ses solides, « et des solides de ses parties, la dimension et les centres de « gravité des surfaces de tous ces solides, la dimension et les « centres de gravité de la ligne courbe même de la roulette « et de ses parties.

« Je commençai par les centres de gravité des solides et « des demi-solides que je trouvai par ma méthode, et qui me « parurent si difficiles par toute autre voie, que, pour savoir « s'ils l'étaient en effet autant que je me l'étais imaginé, je « me résolus d'en proposer la recherche à tous les géomètres « et même avec des prix. Ce fut alors que je fis mes écrits « latins, lesquels ont été envoyés partout ; et, pendant qu'on « cherchait ces problèmes touchant les solides, j'ai résolu « tous les autres. » Ajoutons, pour compléter cet historique, que, d'après madame Périer, ce fut pendant les longues insomnies de plusieurs nuits produites par un violent mal de dents que Pascal appliqua toute sa pensée à la recherche des propriétés de la roulette, et que plusieurs de ses amis jansénistes, à la tête desquels était le duc de Roannès, dès qu'ils

(*) Voyez la page (11).

purent apprécier l'importance de ses travaux, l'engagèrent à proposer des prix dans un dessein, dit madame Périer, qui ne regardait que la gloire de Dieu.

Les premiers problèmes relatifs aux aires et aux volumes furent proposés en juin 1658 par Pascal, sous le pseudonyme de Dettonville. Parmi les géomètres, les uns, comme Sluze, Ricci, Huyghens, se contentèrent de donner leurs premières pensées sur cette ligne sans prétendre aux prix, et Wren se distingua entre tous en faisant connaître, le premier, la rectification de la cycloïde qu'il trouva égale au quadruple de son axe. Les autres géomètres, au nombre de deux seulement, le Père jésuite Lallouère et Wallis, prétendirent avoir résolu tous les problèmes dans deux écrits qui furent envoyés à Carcavi, choisi par Pascal pour être le dépositaire des mémoires et l'un des juges du concours avec les savants qu'il voudrait bien s'adjoindre comme auxiliaires.

Le Père Lallouère, géomètre non sans valeur, mais qui n'était pas à la hauteur du sujet, ne trouva la solution exacte d'aucun des problèmes proposés, et il prétendit que ses calculs, quoique faux et dépourvus de tout appui théorique, lui donnaient néanmoins droit au prix. Il fut tout d'abord et avec justice mis hors concours.

Wallis, géomètre éminent, mais dont le génie mathématique n'avait pas encore atteint son plein développement, fit un travail beaucoup plus sérieux. Mais, bien qu'il fût, mieux que personne, en mesure de résoudre les questions proposées en s'aidant des ressources que lui offrait son *Arithmétique des infinis*, « il ne sut pas trouver, dit Pascal, ni la véritable di-
« mension des solides autour de l'axe, ni le centre de gravité
« de la demi-roulette ni de ses parties, ni aucun des centres

« de gravité des solides ni de leurs parties tant autour de la « base qu'autour de l'axe.

« On jugea aussi que ces erreurs n'étaient point de calcul, « mais de méthode, et proprement des paralogismes ; parce « que les calculs qu'il y donne sont très-conformes à ses mé- « thodes ; mais que ses méthodes sont fausses. On remarqua « qu'une de ses erreurs les plus considérables consiste en « ce qu'il raisonne de certaines surfaces indéfinies en nombre, « et qui ne sont pas également distantes entre elles, de même « que si elles l'étaient ; ce qui fait qu'ayant à mesurer la « somme de ces surfaces ou la somme des forces de leurs « poids (à quoi se réduit toute la difficulté et tout le secret), « il n'en trouva que de fausses mesures, ses méthodes n'al- « lant pas aux véritables.

« C'est ce qui le mène à comparer, comme nombre à « nombre, des quantités qui sont entre elles comme des arcs « de cercle au diamètre ou comme leurs puissances ; et c'est « ainsi que voulant donner la raison du solide de la roulette « à l'entour de l'axe à la sphère de sa roue (ou de son cercle « générateur), après l'avoir donné comme 23 à 2 dans son « premier écrit, il la donne comme 37 à 4 dans sa correction, « par un calcul très-conforme à ses méthodes ; au lieu que la « véritable raison, que M. de Roberval a donnée de ce même « solide à son cylindre de même hauteur et de même base, « est *comme les trois quarts du carré de la demi-base de la* « *roulette, moins le tiers du carré du diamètre de la roue, au* « *carré de cette demi-base.*

« Il n'est pas moins éloigné du véritable centre de gravité « des solides à l'entour de la base, et encore plus de ceux à « l'entour de l'axe, à cause d'un nouveau paralogisme qu'il

« y ajoute, en prenant mal les centres de gravité de certains « solides élevés perpendiculairement sur des trapèzes, dont « il se sert presque partout, et coupés par des plans qui « passent par l'axe. Et on jugea que les erreurs de ces écrits « donnaient encore sans difficulté l'exclusion (*) ».

On voit que le jugement est parfaitement motivé : aussi Wallis ne protesta que bien faiblement. Il publia, il est vrai, en 1659, c'est-à-dire après la publication des traités de Pascal sur la cycloïde, ses propres recherches dont la rédaction était, disait-il, *à peu près* conforme à celle du dernier écrit qu'il avait envoyé à Carcavi. Mais s'il avait voulu faire une protestation régulière et efficace, il devait retirer des mains de Carcavi son mémoire revêtu des signatures de ses juges et le faire imprimer sans y changer un mot. Du reste, plus tard, Wallis, dans une lettre écrite en latin qu'il adresse à Huyghens, reconnaît la supériorité de Pascal ; il écrit : *Dettonvillei tractatum accuminis plenum invenio.*

Voyons maintenant ce que dit Condorcet sur le jugement des prix.

« Pascal s'était engagé à donner cent pistoles à chaque « géomètre qui résoudrait avant le premier octobre 1657 les « problèmes proposés sous le nom de Dettonville. Wallis les « résolut avant ce terme ; un certificat d'un notaire d'Oxford « le prouvait, et Pascal avait même reçu cette solution « avant le jour prescrit. Mais Dettonville exigeait, dans le « programme, que la solution fût remise à un notaire de

(*) Wallis avait envoyé successivement quatre écrits, le premier du 19 août et signé par un notaire d'Oxford, arriva à Paris au commencement de septembre, et les trois autres, indiquant des corrections, portaient respectivement les dates du 3, du 16 et du 30 septembre.

« Paris ou à M. de Carcavi, dépositaire de cent pistoles ; et « c'est uniquement sur le défaut de cette formalité que le « prix fut refusé à Wallis.

« Laloubére, dont la solution avait été trop tardive, ne pou- « vait prétendre aux prix ; mais il avait résolu les problèmes « proposés : Pascal ne voulait pas en convenir. »

« Le défi de Dettonville avait été une espèce de bravade « adressée aux ennemis des jansénistes encore plus qu'aux « géomètres. L'honneur du parti demandait que l'auteur des « *Provinciales* n'eût pas de rivaux dans les sciences et surtout « qu'il n'eût pas un hérétique pour rival. Or, quand l'intérêt « d'une secte est compromis, on ne peut plus compter sur la « justice de personne. »

Je ne dirai rien de la niaiserie de la rédaction et de l'inexactitude des renseignements : mais est-il possible de montrer plus de mauvaise foi? Le *sectaire*, qui savait la vérité, et dont le devoir au moins était de la connaître, n'hésite pas à sacrifier une des gloires les plus pures du nom français sur l'autel du dieu Voltaire ; parce que Voltaire, comme je l'ai déjà dit dans la préface, ne voulait pas qu'on fût à la fois bon chrétien et grand géomètre, et peut-être aussi parce qu'il sentait, avec son goût si délicat de lettré, qu'à côté du fin sourire de Pascal, son rire sardonique n'était plus qu'une grimace.

Il faut maintenant aborder l'analyse des fameux traités que Pascal a composés à propos de la roulette. Mais quelques définitions sont d'abord nécessaires.

On appelle *triligne* la surface plane terminée par deux droites rectangulaires et un arc de courbe quelconque qui s'arrête à ces deux droites. L'une des droites est dite l'axe et l'autre la *base* du triligne.

Si l'on conçoit ensuite un cylindre droit ayant pour base un triligne, et que l'on coupe le cylindre par un plan passant par l'axe ou la base est inclinée de 45° sur le plan du triligne, le volume s'appelle *onglet*, et la surface cylindrique qui lui correspond, surface de l'onglet. Si l'onglet se reproduit symétriquement de l'autre côté de la base, le volume total s'appelle le double onglet.

Lorsque des grandeurs quelconques sont multipliées respectivement par les nombres entiers consécutifs à partir de l'unité, la somme des produits s'appelle la somme triangulaire des grandeurs; et lorsque les multiplicateurs sont les nombres du second ordre 1, 3, 6, 10,... la somme correspondante est dite la somme *pyramidale* des grandeurs.

Étant donné un triligne quelconque, si l'on divise l'arc qui lui correspond en parties égales, que, des points de division, on abaisse des perpendiculaires sur l'axe et sur la base, que l'on multiplie chaque perpendiculaire par la longueur d'une division de l'arc et que l'on fasse la somme des produits correspondant à chaque groupe de perpendiculaires, les deux sommes sont appelées sommes des *sinus* sur l'axe et sur la base.

Si l'on divise l'axe et la base en parties égales, et que, par chaque point de division, on élève des perpendiculaires à ces deux droites jusqu'à leur rencontre avec l'arc, et que l'on multiplie les perpendiculaires par la longueur de la division, les deux sommes correspondant aux deux groupes de perpendiculaires sont appelées sommes des *ordonnées* à l'axe et à la base.

Dans une lettre adressée à Carcavi qui donne tout le plan de son travail, Pascal rappelle d'abord le principe de la *balance d'Archimède*, c'est-à-dire la condition d'équilibre d'un nombre quelconque de forces parallèles appliquées à un levier, et il transforme cette condition de différentes manières. Il fait voir en outre que la question de déterminer les volumes et les centres de gravité des demi-solides engendrés par la rotation d'un triligne autour de son axe ou de sa base revient à résoudre la même question pour le double onglet, à l'axe ou à la base, correspondant au triligne donné.

Ces prémisses étant ainsi établies, Pascal, avant de s'occuper des problèmes spéciaux à la cycloïde, résout plusieurs questions générales qui doivent le conduire à la solution des problèmes particuliers, dans quatre traités qui sont les suivants : 1° Traité des trilignes rectangles et de leurs onglets; 2° Traité des sinus du quart du cercle; 3° traité des arcs de cercle; 4° Traités des solides circulaires. Il faut ajouter que le premier traité est suivi d'un chapitre qui a pour titre : *Propriétés des sommes simples, triangulaires et pyramidales.*

Dans le premier traité se trouvent établies diverses relations d'abord entre les sommes des ordonnées à la base et celles des ordonnées à l'axe, puis entre les sommes des sinus à la base d'un triligne quelconque et celle des arcs de sa ligne courbe divisée préalablement en parties égales. (Voyez le traité pour la définition de la somme des arcs analogue à celle qui a été donnée pour les sinus). Le mode de transformation est toujours géométrique : c'est par l'équivalence de certaines aires ou de volumes d'onglets que se trouvent démontrées le plus souvent les identités d'expression. Les paraboles ordinaire et cubique deviennent aussi d'utiles auxiliaires pour remplacer des carrés ou des cubes de lignes par des longueurs qui leur soient proportionnelles.

Ces premières questions étant traitées, Pascal fait voir

d'abord que la mesure du triligne et des volumes des onglets qui en dépendent, ainsi que la détermination des centres de gravité de ces figures, reviennent à connaître la somme des ordonnées à l'axe, les sommes de leurs carrés et de leurs cubes, leurs sommes triangulaires et pyramidales, et la somme triangulaire de leurs carrés.

Il montre ensuite que l'on peut déterminer la mesure et le centre de gravité de la surface courbe des doubles onglets, si l'on connaît, dans un triligne, la grandeur de sa ligne courbe, la somme des sinus sur l'axe, la somme de leurs carrés et la somme des rectangles de ces mêmes sinus multipliées respectivement par leurs distances à la base. (Dans la langue de Pascal sinus veut toujours dire produit d'une perpendiculaire à l'axe ou à la base par une division de l'arc.)

Quant à l'appendice au premier traité, son principal objet est de montrer que, lorsqu'on connaît les sommes simples, triangulaires et pyramidales de certaines grandeurs, on peut en déduire les sommes simples, triangulaires et pyramidales de ces mêmes grandeurs augmentées d'une même quantité.

Dans le traité *des sinus du quart de cercle*, certaines sommes relatives aux sinus se trouvent évaluées. Tout dépend de la proposition suivante : *la somme des sinus sur la base d'un arc quelconque du quart de cercle est égale au produit du rayon par le segment de la base compris entre les sinus extrêmes* (*).

Le traité des *arcs de cercle* donne le moyen d'évaluer, dans un triligne, certaines sommes relatives aux arcs et secteurs correspondants, l'arc du triligne étant comme toujours divisé en parties égales.

(*) Voyez la note VIII pour la démonstration de la proposition.

Dans le traité des *solides circulaires* qui est le dernier, on voit que certaines sommes relatives aux ordonnées d'un triligne sont connues parce qu'elles dépendent de la détermination des centres de gravité de certains volumes engendrés par la rotation de segments de cercle autour de leurs bases. Du reste, dans ces trois derniers traités comme dans le premier, le même mode de démonstration géométrique est toujours employé.

Pascal aborde enfin les problèmes proposés, dans le *Traité général de la roulette.* Il prend, pour point de départ, cette propriété de la cycloïde : *si de chaque point de la cycloïde on abaisse une perpendiculaire sur l'axe, et que, sur cet axe comme diamètre, on décrive un cercle, l'arc intercepté sur la circonférence de ce cercle entre le sommet de la cycloïde et la perpendiculaire est égal à la partie de cette droite interceptée entre les deux courbes.* Il suit de là que chaque ordonnée de la cycloïde perpendiculaire à l'axe est égale à la somme du segment de cette perpendiculaire compris entre les deux courbes et de l'arc de cercle correspondant, compté à partir du sommet : c'est cette somme que Pascal appelle la *ligne mixte.* Alors, d'après ce qui a été établi dans le traité des trilignes, la solution des problèmes proposés en juin 1658 est ramenée à trouver les sommes des lignes mixtes, de leurs carrés et de leurs cubes, les sommes triangulaires des lignes mixtes et de leurs carrés, et enfin les sommes pyramidales des lignes mixtes. Or, ces diverses questions sont résolues d'avance par les propositions établies dans les quatre premiers traités.

Quant aux problèmes proposés en octobre 1658, leur solution dépend de certaines sommes où figurent, séparément ou ensemble, les perpendiculaires abaissées, sur l'axe, des différents points de division d'un arc de cycloïde ayant pour origine le sommet et divisé en parties égales, et les distances de ces perpendiculaires au point diamétralement opposé au sommet. Pour évaluer ces différentes sommes, Pascal prend, pour point de départ, le théorème de Wren déjà cité (*), et il est encore ramené aux problèmes généraux de ses quatre traités.

Enfin, dans une lettre adressée à Huyghens, Pascal généralise le théorème de Wren, en démontrant qu'un arc de cycloïde allongée ou raccourcie a toujours la même longueur qu'un arc d'ellipse qu'il détermine (**).

L'analyse qui précède est peut-être suffisante pour montrer la suite des idées de Pascal; mais il faut lire ses différents traités, si l'on veut apprécier par soi-même son extrême dextérité dans les transformations géométriques substituées aux développements analytiques, et la force de tête extraordinaire qu'il lui a fallu pour créer ses méthodes générales et en poursuivre l'application dans les plus minutieux détails.

Il importe, dans le travail de Pascal sur la cycloïde, de bien distinguer les deux catégories de problèmes qui portent respectivement les dates de juin et d'octobre 1658. Les premiers problèmes font suite aux travaux de Roberval, tandis que les derniers ont dû probablement leur origine au fameux théorème de Wren relatif à la rectification de la cycloïde.

Dans la lettre à Huyghens déjà citée, Wallis dit avec justesse, il faut le reconnaître, que Pascal, en proposant ses problèmes aurait dû remettre entre les mains d'un notaire ses propres solutions, afin qu'on ne pût pas l'accuser plus tard

(*) Voyez la note VIII.
(**) Idem.

d'avoir profité des idées contenues dans les mémoires des candidats aux prix. Par le fait, il est probable qu'au moment où il a proposé la première série de problèmes, Pascal ne s'était pas encore posé les problèmes énoncés en octobre 1658. Peut-être quelque idée mystique l'empêchait-elle de croire que la rectification de la cycloïde fut possible. En effet, on trouve, dans une lettre qu'il écrit à Huyghens, ces mots : « M. de Sluze fait cette belle remarque, qu'on devait admirer « l'ordre de la Nature qui ne permet pas qu'on trouve une « droite égale à une courbe qu'après qu'on a déjà supposé « l'égalité d'une droite à une courbe, et qu'ainsi dans la rou- « lette simple où l'on suppose que la base est égale à la cir- « conférence du cercle générateur, il arrive que la courbe de « la roulette est égale à une droite. » Les géomètres ne croyaient pas à la possibilité de la rectification d'une courbe, et quand Wren fit sa découverte, ce fut un étonnement, je dirai presque un scandale général ; mais, après un premier moment de surprise, on regarda, comme une circonstance atténuante, celle qui avait été signalée par le chanoine Sluze. Malheureusement, Neil et Fermat vinrent bientôt donner un démenti à la *belle remarque* du chanoine en rectifiant la parabole carré cubique. Quoi qu'il en soit, la découverte de Wren fut probablement l'étincelle qui alluma le génie de Pascal, et les problèmes d'octobre furent immédiatement proposés et résolus. Mais là où Pascal s'est surtout montré géomètre admirable, c'est dans la généralisation du théorème de Wren, lorsqu'il démontre qu'un arc de cycloïde allongée ou raccourcie est égal à un arc d'ellipse. J'ai essayé dans la note VIII de simplifier sa démonstration autant que possible de manière à la rendre tout à fait classique.

Quand on se pénètre bien de l'originalité des méthodes de Pascal et du puissant effort d'esprit qu'il a dû faire pour accomplir son travail, on comprend que, sous l'impression encore de cet effort et de l'excitation cérébrale qu'il avait produit, Pascal ait désiré ardemment savoir si, parmi les géomètres contemporains, il s'en trouverait un qui put s'élever à sa hauteur. Sans une trop grande présomption, il pouvait croire qu'aucun géomètre contemporain ne saurait trouver ses belles méthodes. Mais comme les prix devaient être décernés aux géomètres qui auraient résolu les problèmes, n'importe de quelle façon, il aurait très-bien pu arriver que les solutions fussent trouvées par un géomètre d'un mérite bien inférieur à celui de Pascal. Si, par exemple, Wallis avait eu le temps de se familiariser davantage avec les méthodes de son Arithmétique des infinis, il aurait bien pu mériter le prix. D'ailleurs, si les géomètres contemporains de Pascal avaient cultivé la Trigonométrie en suivant la voie ouverte par Viète, ils auraient vu qu'à l'aide de calculs trigonométriques, les problèmes de Pascal pouvaient être résolus d'une manière régulière et uniforme, et n'étaient plus alors qu'un simple jeu d'écolier (*).

(*) Voyez la note IX.

IX

Après avoir apprécié les travaux scientifiques de Pascal à mesure que l'analyse en était faite, il faut maintenant porter un jugement d'ensemble. Quelle est la valeur de Pascal comme physicien et géomètre? Quels sont les traits distinctifs de son génie?

Disons, avant tout, que Pascal est le premier de tous les maîtres pour la netteté dans les idées et la clarté dans le style. En Physique comme en Mathématiques, il est le vrai créateur de la langue scientifique. Entre la phrase de Pascal et celle de Descartes, le plus souvent, si péniblement enchevêtrée avec ses *en ce que, pour ce que, de façon que,* il semble qu'un siècle entier se soit écoulé.

Comme inventeur en Mathématiques, Pascal doit être placé au premier rang : je crois l'avoir assez montré en détail ; et la vaste étendue de son esprit a pour preuve la grande variété de ses travaux. Il a possédé deux des plus grandes facultés du mathématicien, l'esprit de combinaison et l'esprit synthétique ; et pour être *parfait* (je parle ici sa langue), il ne lui a manqué que la pratique ou le goût de l'Algèbre. On s'explique, du reste, très-bien, par la nature du génie de Pascal, sa répugnance pour la notation et les calculs algébriques. Comme il le dit lui-même, il ne voyait dans les Mathématiques que le plus haut exercice de l'esprit, et on peut dire que, dans la plupart de ses travaux, ce qu'il cherchait avant tout, c'était le *tour de force*. Peut-être eût-il été malheureux d'apprendre que les vérités scientifiques, qui lui avaient coûté tant d'efforts, pouvaient être établies plus simplement en s'aidant des calculs algébriques. On peut remarquer qu'il a passé à côté de l'application de l'Algèbre à la Géométrie de Descartes sans daigner en faire usage et même peut-être y jeter un regard: du moins, dans aucun de ses écrits, il ne fait allusion à la découverte du grand géomètre.

J'aurais, je crois, achevé le portrait complet de Pascal considéré comme savant, en ajoutant que, dans ses travaux, il ne semble jamais sollicité par la curiosité purement scientifique, et que, s'il est inventeur, c'est après avoir reçu une première impulsion des hommes ou des choses. Ainsi, s'il invente la machine arithmétique, c'est pour soulager son père dans ses calculs ; et dans ses travaux de Physique et de Géométrie, il suit les voies ouvertes d'abord par Torricelli, Desargues, Roberval et Wren.

Il ne sera pas inutile d'examiner ici quelques appréciations qui ont été faites de Pascal considéré comme géomètre.

Dans son éloge de Pascal, Bordas-Demoulin, dont nous avons déjà contesté la compétence, ose dire du grand géomètre qu'il n'avait ni l'esprit généralisateur ni les grandes vues d'Huyghens, et la réfutation de cette opinion est d'autant plus nécessaire que Villemain, Cousin et Sainte-Beuve lui-même paraissent avoir cru, sur la foi de l'auteur de l'*Éloge*, que Pascal était un esprit sans largeur, tout au plus capable de résoudre quelques problèmes particuliers. On lit, par exemple, dans le *Port-Royal* de Sainte-Beuve ces mots sur Pascal : « A-t-il de l'étendue? en même temps qu'il approfon-« dit une question, n'est-il pas enclin à la circonscrire? » La forme dubitative qu'emploie adroitement Sainte-Beuve, n'en indique pas moins une opinion préconçue, suggérée par Bordas-Demoulin.

Leibnitz et Huyghens lui-même peuvent d'abord être appelés en témoignage contre mon adversaire; car dans une lettre adressée à Jean Bernoulli, Leibnitz dit qu'il a été mis sur la voie de ses grandes découvertes par la lecture qu'il fit, sur le conseil d'Huyghens, des œuvres Mathématiques de Pascal et de Descartes. Et d'ailleurs avait-il un esprit sans étendue, celui qui semblait annoncer l'avénement du calcul différentiel en écrivant à Sluze : « Il y a des pro-« priétés communes à toutes ces choses dont la connaissance « ouvre l'esprit aux plus grandes merveilles de la nature : « la principale comprend les deux infinités qui se rencontrent « dans tout, l'une de grandeur, l'autre de petitesse. »

Quant à la comparaison avec Huyghens, elle ne paraît pas heureuse ; car on peut dire que Huyghens est l'un des géomètres dont le talent a le plus de parenté avec le rival qu'on lui oppose, et que, si Pascal avait vécu, il aurait peut-être dérobé à Huyghens l'honneur de ses principales découvertes.

J'ai déjà rapporté le jugement de M. Chasles sur le *Traité des coniques*, et je ne ferai pas à notre éminent géomètre l'injure de mettre son opinion en regard de celle de Bordas-Demoulin qui prétend, sur la foi de Descartes sans doute, que le *Traité des coniques* était une simple reproduction de ce qu'on savait depuis Apollonius.

Dans sa préface à la *Statique de Poinsot*, M. Bertrand, après avoir comparé cet illustre géomètre à Pascal, dit que ce dernier était plutôt une grande intelligence qu'un vrai mathématicien. Je souscris sans réserve à cette opinion ; mais après avoir donné une définition du vrai mathématicien que M. Bertrand acceptera sans doute.

Le vrai mathématicien, dans sa pureté idéale, ne vit que

pour sa science favorite; son unique passion, sa préoccupation constante est la découverte de la vérité et le perfectionnement des méthodes connues; son seul souci est de s'ouvrir des voies nouvelles et de marcher le premier sur un terrain encore inexploré. Il n'admet les études littéraires que comme un simple délassement aux fatigues de son esprit, et il serait bien fâché qu'on pût dire de lui ce que Timon-Cormenin disait d'Arago, sans malice et par manière de compliment: « Les hommes de lettres le regardent comme un grand savant « et les savants comme un grand écrivain. » Étranger aux aberrations de la politique, il ne demande aux gouvernants que la paix intérieure, nécessaire au calme de ses chères études. Il ne faut pas d'ailleurs qu'il soit trop spirituel; autrement il pourrait chercher un supplément de réputation dans les succès plus retentissants de la littérature ou de la politique.

Il est clair que Descartes, Fermat, Pascal et plus tard, Newton et Leibnitz ne satisfont pas à l'idéal que nous avons tracé, les uns préoccupés de succès littéraires ou obligés de satisfaire aux devoirs d'une charge qui absorbait la plus grande partie de leur temps, les autres voulant embrasser à la fois tout le cercle des connaissances humaines. Dans le siècle suivant, Lagrange a la plupart des traits du vrai mathématicien; mais il avait beaucoup trop d'esprit pour être un mathématicien de race pure (*), et d'ailleurs il a eu un moment de défaillance: pendant deux ans, il renonça entièrement aux Mathématiques pour se consacrer exclusivement à l'étude de la Chimie qui, après les découvertes de Lavoisier et de son école, était devenue, disait-il, aussi facile que l'Algèbre. Mais

(*) Voyez la note II.

Euler et Poisson réalisent presque, trait pour trait, notre idéal.

Euler fit des Mathématiques l'occupation de toute sa vie. « Un moment avant sa mort, raconte Condorcet, il fit venir « son petit-fils avec lequel il badinait en prenant quelques « tasses de thé, lorsque tout à coup la pipe qu'il tenait à la « main lui échappa, et il cessa de calculer et de vivre. » Poisson, mathématicien pur, s'il en fût, disait que la vie n'était bonne qu'à deux choses : « étudier les Mathématiques et les « enseigner ».

Après cette digression qu'on voudra bien me pardonner, je reviens à Pascal pour le comparer à ses deux illustres rivaux Descartes et Fermat.

Il n'y a peut-être jamais eu de mathématiciens d'une nature plus opposée que Descartes et Pascal. Le premier est surtout un génie analytique, et il est le seul de son temps qui ait bien compris l'importance de la notation algébrique, et qui ait fait d'importantes découvertes en Algèbre. Il ne fait de la Géométrie pure que par occasion et, pour ainsi dire, à contre-cœur, et cette imperfection de son génie jointe à sa profonde habileté en Algèbre est peut-être la cause de sa plus belle découverte. Pascal, au contraire, a la passion de la Géométrie, et il semble dédaigner l'Algèbre comme un instrument inutile. Il y a véritablement antipathie de nature entre Pascal et Descartes.

Au contraire, jamais deux géomètres ne furent frères par le génie comme Fermat et Pascal ; ils se sentent attirés l'un vers l'autre par une ardente sympathie, et ils se rendent mutuellement une pleine et entière justice. « Je suis ravi, dit Fermat « dans une lettre à Carcavi, d'avoir des sentiments conformes « à ceux de M. Pascal et je le crois capable de venir à bout

« de tout ce qu'il entreprendra. » Dans une autre lettre, en accusant réception du *Traité sur la cycloïde,* Fermat écrit : « Je n'ai pas encore lu sérieusement le traité de M. Pascal ; « j'en ai pourtant conçu une grande opinion aussi bien que de « tout ce qui part de cet illustre. »

Pascal va encore plus loin dans son admiration : « Vous « êtes, écrit-il à Fermat, celui de toute l'Europe que je tiens « pour le plus grand géomètre ; » et il ajoute en parlant des enfants de Fermat : « Je leur suis tout dévoué ayant une « vénération toute particulière pour ceux qui portent le nom « du premier homme du monde. »

Cependant Pascal offre à Fermat son amitié : Celui-ci, profondément touché, lui répond en proposant une entrevue ; et comme tous deux sont valétudinaires, il demande que chacun fasse la moitié du chemin. Mais, malheureusement, l'entrevue n'eut pas lieu. Pascal était déjà trop malade pour pouvoir supporter les fatigues d'un long voyage, et c'est en répondant à Fermat qu'il lui fait les compliments attendris que nous avons rapportés.

Il est à jamais regrettable que l'entrevue projetée ait été impossible. Imagine-t-on toutes les conséquences qui pouvaient résulter du rapprochement sympathique des deux plus grands géomètres de leur temps. Pascal aurait pu apprendre à Fermat l'art de développer ses idées et de leur donner une forme nette et définie. Et Fermat, quelle influence salutaire n'aurait-il pas pu exercer sur le génie et l'âme endolorie de son ami ! Il l'aurait peut-être mis sur la voie de ses belles découvertes, et une fois la première impulsion reçue, Pascal aurait sans doute trouvé une foule de vérités nouvelles. Cette opinion s'accorde du reste avec l'idée que Fermat avait de

Pascal, comme on le voit dans une lettre où il lui propose d'être l'éditeur d'un ouvrage qu'il voulait composer sur la théorie des nombres.

Peut-être aussi Fermat serait-il parvenu à enlever à Pascal cette cuirasse du jansénisme qui l'étouffait, et à le ramener à l'époque où il était simplement bon chrétien et *honnête homme* à la manière de Méré. Il lui aurait rendu le goût de la grande poésie qu'il avait dû aimer autrefois, celle de Corneille surtout; car personne ne croira que la grande âme de Pascal n'était pas à la hauteur de l'âme d'un Corneille, et il n'y a qu'un Condorcet pour prétendre que Pascal n'avait pas même lu le sublime poëte (M. Havet a déjà fait justice de cette assertion ridicule). Mais, quoi qu'il en soit, je m'imagine que Fermat lui aurait au moins conseillé, pour se distraire de ses doulenrs physiques et morales, de faire, comme autrefois, des vers de géomètre : *quelque épître à Uranie*. Corrigeant ce que l'esprit de son ami avait de trop absolu, il lui aurait appris qu'il ne faut rien dédaigner, que même *bel astre* et *fatal laurier* enchâssés dans des rimes riches et sonores, au milieu d'une phrase harmonieuse et cadencée, pouvaient faire bonne figure dans un sonnet. Et qu'y a-t-il de plus beau qu'un sonnet bien réussi ?

X

Il semble qu'il n'est pas possible de quitter Pascal sans parler de son talent littéraire qui le place au prémier rang des grands écrivains; mais il a été étudié tant de fois à ce point de vue que rien de nouveau ne peut plus être dit sur ce sujet. Cependant la question de savoir comment Pascal est devenu un grand écrivain en quittant ses livres de Géométrie rentre dans le cadre que je me suis tracé. Heureusement pour mes lecteurs, elle a été traitée par Villemain avec un véritable talent, et je ne puis mieux faire que de citer l'éminent écrivain.

« Peut-être ce singulier phénonème (la supériorité de « Pascal comme écrivain) doit-il en partie s'expliquer par « l'influence même des études abstraites qu'avait embrassées « Pascal à une époque où ces hautes connaissances desti- « tuées encore de la perfection et de la facilité des méthodes, « imposaient à l'esprit l'effort d'une création continuelle. « Tout était originalité dans une étude incomplète et renais- « sante. Une sorte d'enthousiasme et d'imagination élevée « s'attachait à tous les essais de la science. L'amour de la vérité « est une source sublime à laquelle Pascal puisait ; il en tira « son éloquence. Le bon goût, le mépris des faux ornements « et de la vaine Rhétorique naquirent pour lui de la grandeur « des objets dont il avait occupé son intelligence. L'originalité « le suivit de la Géométrie dans les lettres ; il inventa son « langage comme il avait trouvé ses méthodes en Géométrie, « et il enleva à sa science favorite cette vigueur de déduction « et ces raisonnements irrésistibles qui devinrent les armes « de sa parole. »

Impossible de mieux penser et de mieux dire. Mais pourquoi faut-il que, dans quelques pages précédentes, l'éloquent écrivain ait dit ceci : « Il est permis de chercher de préférence « la grandeur de l'esprit humain dans ces monuments de « haute raison et d'inimitable éloquence qui parlent à tous « les siècles et transmettent à l'avenir l'homme de génie tout « entier. Dans les sciences exactes, la découverte se sépare, « pour ainsi dire, de l'inventeur, elle se corrige, s'étend, se

« perfectionne par d'autres mains, et devient un simple « chaînon dans l'ordre successif des vérités que doit découvrir la patience des siècles ; mais l'écrivain qui a gravé par « l'éloquence de grandes pensées ou de généreux sentiments a « tout fait en une fois et demeure lui-même immortel avec « son ouvrage. » Villemain parle aussi des Mathématiques comme d'une étude *aride* et *desséchante*.

Il est bon peut-être de réfuter ici des assertions trop souvent répétées. D'abord que parle-t-on d'études arides et desséchantes ? Faut-il rappeler les vieilles histoires d'Archimède absorbé dans une recherche mathématique au point de ne plus penser à Syracuse assiégée, et de Newton oubliant le boire et le manger en cherchant les lois du système du monde ? Si nous prenons, au contraire, les poëtes qui, parmi les hommes de lettres, sont, dit-on, plus souvent dans le ciel que sur la terre, a-t-on jamais rencontré chez eux un pareil oubli de la vie terrestre ? On n'a pas raconté, par exemple, que, lorsqu'on est allé chercher Lamartine ou Victor Hugo pour les prier de haranguer le Peuple, on ait dû les enlever de leur fauteuil au milieu d'une extase poétique.

Villemain dit que les vérités mathématiques s'enchaînent de telle sorte qu'il est souvent difficile de faire la part de chaque géomètre ; mais en faut-il moins estimer les géomètres qui oublient l'intérêt de leur gloire personnelle et montrent ainsi qu'ils ont le culte désintéressé du beau ? D'ailleurs, il y a des vérités tellement distinctes qu'elles restent à tout jamais la propriété exclusive de celui qui les a trouvées le premier. Jusqu'à la consommation des siècles, on dira le théorème de Fermat, le triangle arithmétique de Pascal, n'est-ce pas à l'aide d'une figure de Géométrie qu'Archimède avait donné l'ordre de graver sur sa tombe, pour rappeler une de ses découvertes, que cette tombe a été retrouvée par l'illustre paysan d'Arpinum, comme on aurait pu découvrir celle de Virgile par un vers de l'*Eneïde* qui y aurait été gravé?

On se plaît souvent à citer cette phrase de Napoléon qui exprime une opinion semblable à celle de Villemain: « J'aime « les sciences; chacune d'elles est une belle application de « l'esprit humain; mais les lettres, c'est l'esprit humain lui-« même. » La phrase est belle, mais exprime-t-elle une idée juste? Si l'on entend par sciences, non-seulement les Mathématiques, mais la Physique, les sciences naturelles, l'Histoire, la Philologie, etc., voire même la Métaphysique, quoique Descartes, dans l'une de ses lettres, ait osé l'appeler *le rêve*, n'est-il pas plus exact de dire : les lettres, c'est la parure de l'esprit humain; les sciences, c'est l'esprit humain lui-même.

Le point de départ de Villemain, dans son appréciation du rôle des sciences, a été la citation de ces mots de Pascal : « J'appelle la Géométrie le plus beau métier du monde; mais « enfin ce n'est qu'un métier; et j'ai dit souvent qu'elle est « bonne pour faire l'essai, mais non pas l'emploi de notre « force. » On trouve aussi dans le morceau des *Pensées sur la différence entre l'esprit géométrique et l'esprit de finesse* quelques mots qui semblent indiquer que l'esprit géométrique est surtout le partage des mathématiciens, tandis que l'esprit de finesse appartient de droit aux littérateurs. Il y a là un côté de Pascal qu'il importe de ne pas laisser dans l'ombre.

Si on enlève à Pascal son enveloppe de janséniste pour pénétrer jusqu'à l'homme intérieur, on trouve une nature impressionnable, et j'oserai presque dire féminine. Ce n'est pas, comme Fermat, un homme *carré par la base*. La vanité littéraire était peut-être aussi prononcée chez lui que chez Voltaire ; seulement elle était moins en dehors parce qu'elle était arrêtée dans son expansion par les pointes du cilice dont il était toujours revêtu. Il ne faut voir, dans la phrase citée par Villemain et dans le morceau que nous avons rappelé, qu'une avance de coquetterie faite aux hommes de lettres de son temps qui pouvaient faire, beaucoup plus que les géomètres, pour l'éclat de son nom.

Dans son commentaire si intéressant sur Pascal, M. Havet, lorsqu'il arrive au morceau sur les deux esprits de *finesse* et de *géométrie* ne se sent plus de joie. Il a trop l'esprit de finesse pour attaquer directement les géomètres ; mais il n'est pas difficile de deviner sa pensée : « Pour parler ainsi, dit-il, « de ces vérités, si *grosses d'évidence* quand on les a com- « prises, il fallait un géomètre bien détaché de son art et qui « s'y sentît supérieur. » Mais après avoir reçu cet aimable compliment, le pauvre Pascal est en somme mal récompensé de ses avances, car, une page plus loin, on lit la note suivante : « Pascal lui-même n'a-t-il pas péché plus d'une fois « en donnant trop à l'esprit de géométrie et aux principes et « pas assez à l'esprit de finesse et au sens des choses. »

Je crois que voici la vérité sur la question : pour apprendre les éléments d'une science quelconque, l'esprit géométrique doit surtout être mis en œuvre ; mais il ne suffit plus dès que l'on est arrivé sur les hauteurs ; il faut y allier, dans une mesure plus ou moins grande, l'esprit de finesse. Si, par exemple, M. Havet déploie toutes les ressources de son esprit de finesse quand il commente un texte difficile devant ses collègues de l'Académie des inscriptions et belles-lettres, il n'est plus qu'un simple géomètre, au sens bien entendu où il le comprend, quand il explique la Grammaire latine à son petit-fils. M. Havet croit que les vérités mathématiques sont toujours de grosses vérités qui ne peuvent échapper à un esprit laborieux et attentif, et c'est là une opinion assez répandue dans le monde. Combien de fois, dans ma longue carrière de professeur, n'ai-je pas entendu des parents d'élèves me dire : Mon fils n'a aucun succès dans les lettres; mais, comme il ne manque pas de bons sens, je le destine à l'école Polytechnique.

On paraît ainsi ignorer qu'il faut autant de finesse pour réussir dans l'étude des sciences que dans celle des lettres, et qu'il y a autant de variétés de mathématiciens que de poëtes. Si l'esprit de géométrie suffit pour comprendre les premiers éléments de l'Arithmétique, de la Géométrie et de l'Algèbre, quel esprit de finesse ne faut-il pas pour s'élever plus haut? Le calcul des probabilités, la haute Algèbre, l'application des Mathématiques à l'explication des phénomènes de la nature, la Mécanique analytique exigent que le géomètre déploie à chaque instant les ressources de l'esprit le plus fin. Quant à la variété des esprits, dans le champ en apparence si restreint des Mathématiques, elle saute immédiatement aux yeux. Qu'y a-t-il de plus différent que le géomètre pur et l'algébriste ? Ne sont-ils pas aussi opposés de nature que deux poëtes, l'un comique et l'autre tragique ? Cette variété s'est encore accrue depuis Pascal. Nous avons maintenant l'*imaginariste* qui se croit placé au sommet de l'échelle, et qui, du haut de sa grandeur, regarde les autres mathématiciens comme seulement capables de résoudre des problèmes de la force de ceux que l'on donne en Mathématiques spéciales. Plus haut encore et d'un vol plus hardi s'élève le *quaternionien* qui...; mais il serait peut-être dangereux de marcher plus longtemps dans cette voie.

XI

Me voici enfin arrivé au terme de cette longue et difficile étude, et il faut dire un dernier adieu à ces chers grands hommes, Descartes, Fermat et Pascal. Je ne puis surtout abandonner sans un vif regret, cette haute et mélancolique figure de Pascal qui inspire à la fois admiration et pitié. Mais, de même qu'après une longue et intéressante histoire, l'auteur aime souvent à en tirer une morale pratique, appropriée aux besoins de son lecteur, je voudrais ici donner quelques conseils qui seront la consécration utile de mon travail.

Le bon Lafontaine, après avoir lu le prophète Baruch, plein d'un saint enthousiasme, demandait à chacun : Avez-vous lu Baruch ? Je n'ai pas lu Baruch ; mais animé d'un enthousiasme aussi ardent que celui de Lafontaine, bien que d'un autre genre, je demanderai volontiers, non pas à tout le monde, mais aux jeunes mathématiciens : Avez-vous lu Descartes, Fermat et Pascal ? Si non, mettez-vous immédiatement à l'œuvre, vous en retirerez certainement profit et gloire peut-être. De même qu'aux premiers jours du monde naissant, les hommes avaient des facultés spéciales d'invention qui leur ont fait créer le langage ; au moment de la renaissance des Mathématiques au dix-septième siècle, il y avait une ardeur d'invention, une effervescence de l'esprit humain qui lui faisait essayer toutes les voies qui pouvaient le mener à la conquête de la vérité. Que d'idées à peine ébauchées le lecteur aura plaisir à achever ! N'est-ce pas en procédant ainsi que Leibnitz et Newton ont fait leurs immortelles découvertes ? Un fait du même genre peut encore être observé par les professeurs tant soit peu animés de l'esprit philosophique. Combien de fois ai-je vu mes élèves s'engageant, à tort et à travers, dans différentes voies, rencontrer d'heureuses idées qui ne me seraient jamais venues à l'esprit : ébauches imparfaites, sans doute, mais qu'il ne fallait plus que perfectionner pour en faire jaillir d'utiles vérités.

Je voudrais encore donner un autre conseil qu'amène naturellement l'étude des grands géomètres ; c'est celui-ci : exposez toute science de raisonnement sous forme de problèmes proposés d'abord, et résolus ensuite, la théorie régulière et suivie ne venant qu'après pour coordonner et classer les vérités acquises. Sous la forme vive et saisissante de problèmes, la science pénètre plus profondément dans l'esprit dont les facultés inventives sont d'ailleurs toujours en pleine action.

Je demande ici pardon à mon lecteur, si je le fais descendre un moment des hauteurs où il m'a suivi pour arriver à une science d'ordre inférieur, mais que la sottise humaine a rendu la plus utile de toutes : je veux dire la science de la guerre. En lisant le célèbre rapport du colonel de Stoffel sur l'*Art militaire des Prussiens*, j'ai été vivement frappé de ce fait qu'il rapporte : Le général de Moltke pour enseigner la guerre pratique aux jeunes officiers de l'état-major prussien, avait fait rédiger, pour leur être proposées sous forme de problèmes, toutes les questions qui pouvaient se présenter dans la guerre la plus variée et la plus complexe. N'est-ce pas là une éclatante confirmation de l'excellence de mon conseil ? Me voici bien loin de Pascal ; mais on me le pardonnera si l'on pense que j'ai eu raison de rappeler une méthode dont l'application pourrait être si utile à notre chère patrie.

NOTES LITTÉRAIRES ET SCIENTIFIQUES

NOTE I

SUR UNE VISITE DE *DESCARTES* A *PASCAL*.

Lettre de *Jacqueline Pascal* à madame Périer.

Je n'eus pas le loisir hier de te dire que dimanche au soir M. Hébert vint ici accompagné de M. de Montigny de Bretagne qui me venait dire (à défaut de mon frère qui était à l'église) que M. Descartes, son compatriote et intime ami, lui avait fort témoigné avoir envie de voir mon frère, à cause de la grande estime qu'il avait toujours ouï faire de mon père et de lui; et que, pour cet effet, il l'avait prié de venir voir s'il n'incommoderait mon frère, parce qu'il savait qu'il était malade, en venant céans le lendemain à neuf heures du matin. Quand M. de Montigny me proposa cela, je fus assez empêchée de répondre, à cause que je savais qu'il a peine à se contraindre et à parler, particulièrement le matin ; cependant je ne crus pas à propos de refuser ; si bien que nous arrêtâmes qu'il viendrait à dix heures et demie du matin le lendemain, ce qu'il fit avec M. Hébert, M. de Montigny, un jeune homme de soutane que je ne sais pas qui c'est, le fils de M. de Montigny et deux ou trois autres petits garçons ; et M. de Roberval s'y trouva que mon frère en avait averti. Là, après quelques civilités, il fut parlé de *l'instrument* qui fut fort admiré tandis que M. de Roberval le montrait ; ensuite, on se mit sur le vide, et M. Descartes, avec un grand sérieux, comme on lui contait une expérience, et qu'on lui demandait ce qu'il croyait qui fut entré dans la seringue, dit que c'était de sa matière subtile ; sur quoi mon frère lui répondit ce qu'il put, et M. de Roberval, croyant que mon frère avait peine à parler, entreprit avec un peu de chaleur M. Descartes (avec civilité cependant) qui lui répondit avec un peu d'aigreur : qu'il parlerait à mon frère tant que l'on voudrait parce qu'il parlait avec raison, mais non pas à lui qui parlait avec préoccupation ; et là-dessus voyant à sa montre qu'il était midi, il se leva parce qu'il était prié à dîner au faubourg Saint-Germain et M de Roberval aussi ; si bien que M. Descartes l'y mena dans un carrosse où ils étaient tous deux tous seuls, et là ils se chantèrent goguettes ; mais un peu plus fort que jeu à ce que nous dit M. de Roberval qui revint ici l'après-dinée où il trouva M. Dalibray.

J'avais oublié de te dire que M. Descartes, fâché d'avoir été si peu céans, promit à mon frère de le venir voir le lendemain à huit heures, M. Dalibray, à qui on l'avait dit le soir, s'y voulut trouver et fit ce qu'il put pour y mener M. Lepailleur que mon frère l'avait prié d'avertir de sa part. Mais il fut trop paresseux pour y venir; et ils devaient dîner, M. Dalibray et lui assez proche d'ici. M. Descartes venait ici en partie pour consulter le mal de mon frère ; sur quoi il ne dit pas pourtant grand'chose ; seulement il lui conseilla de se tenir tous les jours au lit jusqu'à ce qu'il fut las d'y être et de prendre force bouillons. Ils parlèrent de bien d'autres choses, car il y fut jusqu'à onze heures ; mais je ne saurais qu'en dire, car hier je n'y étais pas ; et je ne le pus savoir, car nous fûmes embarrassés toute la journée à lui faire prendre son premier bain. Il trouva que cela lui faisait un peu mal à la tête ; mais c'est qu'il le prit trop chaud. Je crois que la saignée au pied de dimanche au soir lui fit du bien, car lundi il parla toute la journée, le matin à M. Descartes, le soir à M. de Roberval, contre qui il disputa longtemps touchant beaucoup de choses qui appartiennent autant à la Théologie qu'à la Physique, et cependant il n'en eut pas d'autre mal que de suer assez la nuit et de fort peu dormir ; mais enfin il n'en eut point les maux de tête que j'attendais de cet effet.

Dis à M. Auzont que, selon sa lettre, mon frère écrivit au père Mersenne l'autre jour, pour savoir de lui quelles raisons M. Descartes apportait contre la colonne d'air, lequel fit une réponse assez mal écrite (à cause qu'il a eu l'artère du bras droit coupée en le saignant dont il sera peut être estropié). Je lus pourtant que ce n'était pas M. Descartes (car au contraire il le croit fort, mais par une raison que mon frère n'approuve pas), mais M. de Roberval qui était contre ; et aussi il témoignait assez l'envie que M. Descartes avait de le voir et l'instrument aussi ; mais nous prenions tout cela pour civilité. Dis à M. Duménil, si tu le vois, qu'une personne, qui n'est plus mathématicien et d'autres qui ne l'ont jamais été, baisent les mains à un qui l'est tout de nouveau. M. Auzont t'expliquera tout cela ; je n'ai ni le temps ni la patience. Adieu, je suis, ma chère sœur,

J. Pascal, 16 septembre 1647.

NOTE II

SUR LAGRANGE

Il y a quelques années, retiré à la campagne, je n'avais d'autre ressource contre l'ennui qu'une vieille bibliothèque. En parcourant ses rayons vermoulus, je tombai sur un ouvrage, sans nom d'auteur, ayant pour titre : *Histoire secrète de la cour de Berlin par un voyageur français* (*). Le récit d'intrigues de cour m'avait profondément dégoûté, et j'allais rejeter le livre, lorsqu'au milieu d'un véritable fumier, je rencontrai une perle fine : une lettre de l'auteur demandant le rappel en France de l'illustre Lagrange, avec une pension digne de lui. Je me rappelai alors que Mirabeau avait séjourné quelque temps à Berlin, et la lettre portait tellement le cachet de l'illustre orateur, qu'il n'y avait pas à s'y méprendre. Voici cette lettre curieuse qui n'a jamais été citée, du moins à ma connaissance :

« Il me semble qu'il y aurait ici, en ce moment, une acqui-
« sition digne du roi de France et que M. de Calonne est fait
« pour lui proposer. L'illustre Lagrange, le premier géomètre
« qui ait paru depuis Newton et qui, sous tous les rapports de
« l'esprit et du génie, est l'homme de l'Europe qui m'a le plus
« étonné, Lagrange, le plus sage et peut-être le seul philo-
« sophe vraiment pratique qui ait jamais existé, recomman-
« dable par son imperturbable sagesse, ses mœurs, sa con-

(*) A mon retour à Paris, j'appris ce détail piquant : qu'à la requête de l'ambassadeur de Prusse l'*Histoire secrète* avait été brûlée par les mains du bourreau.

« duite de tout genre, en un mot, l'objet du plus tendre respect « du petit nombre d'hommes dont il se laisse approcher, est « depuis vingt ans à Berlin, où il fut appelé dans sa première « jeunesse par le feu roi, pour remplacer Euler, qui l'avait dé- « signé lui-même comme le seul homme capable de marcher « sur sa ligne. Il est très-mécontent ; il l'est en silence, mais « il l'est irrémédiablement, parce que c'est du mépris que sont « nés ses dégoûts. Les fougues, les brutalités, les folles jac- « tances de M. de Hertzberg, l'association de tant d'hommes « auprès desquels Lagrange ne peut avec pudeur rester assis, « la crainte très sage de se trouver pressé entre le repos philo- « sophique qu'il regarde comme le premier des biens, et le « juste sentiment du respect de lui-même, qu'il ne laissera « pas blesser, tout le convie à se retirer d'un pays où rien n'ab- « sout du crime d'être étranger, et où il ne supportera pas de « n'être, pour ainsi dire, qu'un objet de tolérance. Dans cette « conjoncture il n'est pas douteux qu'il n'échangeât volontiers « le soleil et l'argent de Prusse pour le soleil et l'argent de « France, du seul pays de la terre où l'on sache rendre un « culte au génie des sciences et des arts, et faire les réputations « durables ; du seul pays où Lagrange, petit-fils d'un Français « et qui se souvient avec reconnaissance que nous l'avons fait « connaître à l'Europe, puisse aimer à vivre, s'il lui faut re- « noncer à ses habitudes. Le prince Cardito de Leffredo, mi- « nistre de Naples à Copenhague, lui a offert les plus belles « conditions de la part de son souverain. Le grand duc, le roi « de Sardaigne l'invitent vivement : mais toutes leurs propo- « sitions seront aisément oubliées pour la nôtre. (Eh ! quel « homme d'un mérite constaté en Europe, le roi de France « n'attirera-t-il pas de même à l'aide d'un bon contrôleur gé- « néral, le jour où il voudra exercer cet empire des bienfaits « qui ne peut appartenir qu'à lui ?)

« Lagrange a ici six mille livres de pension. Le roi de France « ne peut-il donc pas consacrer cette somme au premier géo- « mètre de l'Europe et de ce siècle ? Est-il au-dessous de « Louis XVI de retirer d'une académie misérable, un grand « homme qu'on y méconnaît, qu'on y mésallie, et de tuer « ainsi, par la plus noble des guerres, le seul corps littéraire

« qui ait lutté contre les siens? N'est-ce pas aussi une générosité mieux entendue que tant d'autres? La France a si impolitiquement servi d'asile à tant de Princes, qui ne pouvaient que lui coûter ! Pourquoi ne recueillerait-elle pas un grand homme qui ne peut que lui valoir? Elle a si longtemps enrichi les autres de ses pertes; pourquoi ne s'enrichirait-elle pas des fautes des autres? Enfin, et pour parler des ministres que j'aime, un de Boynes a donné dix-huit mille livres de rente, pour une place inutile, à un Boscowich, méprisé de toute l'Europe savante, comme un charlatan assez médiocre : pourquoi M. de Calonne ne ferait-il pas donner une pension de deux mille écus au premier homme que l'Europe ait dans le même genre, et probablement au dernier génie qu'auront les sciences exactes, dont la passion diminue avec les difficultés excessives, et le nombre infiniment petit des places qui restent à y prendre? Je suis très-attaché à cette idée, parce que je la crois noble et que j'aime tendrement l'homme qui en est l'objet. Je supplie qu'on me réponde le plus tôt possible, car j'avoue que j'ai suspendu la délibération de M. de Lagrange, sur les propositions qui lui sont faites (on sent bien que lui qui est dans l'antre ne peut en faire d'aucune espèce) pour attendre les nôtres. »

La lettre, qui vient d'être reproduite, est le plus éclatant témoignage que l'on pouvait présenter en faveur de l'esprit de Lagrange. J'ajouterai cependant ici quelques traits que j'emprunte à Biot (*).

« Cet homme (Lagrange), qui savait tant de choses, était surtout émerveillé de tout ce qu'on ne savait pas. Ces mots si simples, *je ne sais pas,* étaient son expression favorite : il commençait et terminait ordinairement ainsi l'exposition de ses doutes, qui étaient encore ses assertions les plus prononcées. Il ne se payait pas volontiers de mots, et ne s'arrêtait point aux surfaces. Il ôtait aux opinions et aux choses l'enveloppe qui les couvrait; et quand il les avait mises à nu, il en disait son avis, ordinairement d'une manière origi-

(*) Mélanges scientifiques et littéraires (tome III).

« nale et vive, aussi remarquable par la profondeur du sens « que par la finesse de l'expression. On cite de lui une foule « de mots heureux. Une personne pour laquelle il avait de l'a- « mitié lui parlait un jour d'une opinion qui, tour à tour « adoptée et rejetée par les savants, avait fini par devenir un « préjugé populaire : Eh quoi ! dit Lagrange, cela vous « étonne ? cependant il en est toujours ainsi ; *les préjugés ne* « *sont que la défroque des gens d'esprit qui habille la canaille.*

« Il aimait beaucoup la conversation des femmes, parce « qu'elles sont, en général, plus spirituelles que les hommes, « et qu'elles ne sont pas savantes. Il disait un jour avec finesse « dans une société où l'on parlait de femmes âgées de soixante « ans : *Est-ce que vous avez vu des femmes de soixante ans ?* « *pour moi, je n'en ai jamais rencontré.* Il est vrai qu'une autre « fois moins galant, en faisant allusion à l'ignorance des femmes « en matière de sciences, il disait : *La tête d'une femme est* « *une éponge à préjugés.* »

Pour finir gravement en un grave sujet, je citerai ici un souvenir personnel. Il y a longues années, je demandais à Poinsot, le plus spirituel des géomètres français après Pascal et Lagrange, quelle lecture il conseillerait de préférence à un jeune mathématicien : Lisez, me dit-il, les préfaces qui sont en tête des chapitres de la *Mécanique analytique*.

NOTE III

SUR LA DISPARITION DES RADICAUX DANS UNE ÉQUATION, ET LE DÉBAT A CE SUJET ENTRE *FERMAT*, *DESCARTES* ET *ROBERVAL*.

Pour mieux apprécier Fermat, Descartes et Roberval sous le rapport du génie et du caractère, et pour justifier quelques-unes des assertions mises en avant dans l'*Étude*, je ferai ici l'historique de la question très-élémentaire de la disparition des radicaux dans les équations, telle qu'elle fut débattue entre les trois grands géomètres.

D'abord Fermat pose la question en ces termes (*) : « Vouloir délivrer entièrement l'Algèbre des asymétries (des radicaux), c'est un ouvrage difficile, et sur lequel les analystes ne sont pas encore assez exercés. Qu'on propose, par exemple, plus de quatre termes asymètres, quel analyste se retirera de cet embarras ? il travaillera beaucoup, il se cassera la tête : après une infinité d'opérations, il se trouvera aussi avancé que s'il n'avait rien fait. L'analyse restera donc en chemin, accablée de tous côtés par les asymétries, et ne pourra plus faire un seul pas. C'est à nos habiles à la tirer de cet embarras, et à lui ouvrir une route pour arriver à son but. Soit par exemple,

$$\sqrt{ba-a^2}+\sqrt{z^2+da+a^2}+\sqrt{ma}+\sqrt{d^2-a^2}-\sqrt{ra+a^2}=a+b.$$

« Que l'analyste se tire de cette asymétrie selon les règles de l'article, ou qu'il avoue l'inefficacité de ses règles. Il me semble que les illustres en cette science ne sauraient prendre

(*) Œuvres de *Descartes* (Édition *Cousin*), tome X (page 169).

« un plus digne et plus nécessaire emploi que celui d'aplanir « ces difficultés ; pour les y exciter, vous leur pourriez dire « par avance que j'ai fait quelque progrès en cette matière, et « qu'il y a beaucoup à découvrir et à inventer ; vous pourrez « même en écrire en Italie et en Hollande, afin que la prophétie « du chancelier d'Angleterre s'accomplisse : *Plusieurs passe-* « *ront, et la science augmentera.* »

Mais, après avoir posé la question, Fermat l'abandonne aux mains de Descartes et Roberval, car il n'était pas assez patient algébriste pour en chercher la solution directe. Seulement, suivant sa coutume, il élargit immédiatement le problème proposé en supposant que les radicaux ont un indice quelconque, et, dans un éclair de génie, il le ramène à l'élimination de plusieurs inconnues entre plusieurs équations, après avoir égalé chaque radical à une inconnue auxiliaire représentée par une lettre particulière.

Descartes répond à l'appel de Fermat comme il suit (*) :

« L'analyse restera donc en chemin..., dit M. de Fermat, je « réponds : notre analyste ne s'arrête pas en si beau chemin, « et voici une méthode pour y parvenir. Otant tous les signes « de l'asymétrie, il faut joindre ensemble tous les termes don- « nés (qui de cette manière sont devenus commensurables), et « ensuite les multiplier carrément. Il faut les multiplier ainsi « trois fois si l'on a donné cinq termes asymètres, quatre fois « si l'on en a donné six, cinq fois si l'on en a donné sept, et « ainsi à l'infini.

« Ensuite des termes produits par la dernière multiplication, « ou de leurs multiples joints ensemble par la seule addition « ou soustraction, résulte une équation qui n'est embarrassée « d'aucun terme asymètre, et qui est égale à la première.

« Ainsi, dans l'exemple donné, il y a six termes asymètres « que j'écris ainsi :

$$ba-a^2+z^2+da+a^2+ma+d^2-a^2+ra+a^2+b^2+2ba+a^2.$$

« Ces termes multipliés une seule fois carrément produisent « seulement vingt-un termes ; car il faut observer qu'on doit

(*) Œuvres de Descartes, tome X (page 176).

« conserver à part toutes les parties du produit de chaque « terme (quand il y en a plusieurs), et ne les point confondre « avec d'autres termes, quoique entièrement semblables, avant « la fin de l'opération. Ces vingt-un termes multipliés carré- « ment en produisent beaucoup davantage ; mais parce que ces « multiplications se peuvent faire par un simple calcul de « plume, et qu'un habile analyste corrige aisément les fautes « qui se pourraient glisser dans le calcul d'un arithméticien, « la longueur de l'opération ne doit pas être mise au nombre « des difficultés ; j'ai encore une méthode plus courte, mais « qui ne serait pas si fort à la portée d'un simple arithméticien.

« Mais je demande ici à M. de Fermat et à M. de Roberval « (et principalement à ce dernier ; car, puisqu'il occupe la « chaire de Ramus, il doit répondre à cette question, ou avouer « qu'il ne mérite pas ce poste), comment on trouvera dans le « produit de la dernière multiplication quels sont les termes « qu'il faut ajouter et quels sont ceux qu'il faut soustraire « pour avoir l'équation demandée. Que M. de Roberval n'aille « pas dire, selon sa coutume, qu'il lui faudrait beaucoup de « temps pour satisfaire à cette question, et qu'il a d'autres « affaires ; car j'assure ici, et même, s'il est besoin, je le dé- « montrerai, qu'un savant analyste peut trouver en très-peu de « temps ce que je demande, et je puis protester que je n'ai pas « employé plus d'un demi-quart d'heure à chercher cette mé- « thode, à la trouver, à me convaincre qu'elle s'étend à toutes « les espèces d'asymétrie. »

Il est impossible d'être plus habile dans l'art de parler pour ne rien dire ; et ce qui ressort le plus clairement de la lettre de Descartes, c'est qu'au moment où il l'a écrite, il n'avait aucune méthode pour résoudre la question proposée. En effet, le seul résultat qu'il indique nettement est faux.

Afin de mieux me faire comprendre, je rappelle succinctement la méthode à suivre pour faire disparaître d'une équation tous les radicaux du second degré qu'elle contient.

Soit $\sqrt{k}$ le radical que l'on veut faire disparaître : on écrit d'abord l'équation proposée sous la forme :

$$P = Q\sqrt{k}, \tag{1}$$

P et Q étant des polynomes contenant, en général, tous les radicaux autres que $\sqrt{k}$. Alors, en élevant au carré les deux membres de l'équation (1), on a

$$P^2 = Q^2 k. \tag{2}$$

Le radical $\sqrt{k}$ a ainsi disparu dans l'équation (2), sans que de nouveaux radicaux aient été introduits par l'élévation au carré des deux membres de l'équation (1). On pourra donc faire disparaître successivement tous les radicaux par des élévations successives aux carrés, et le nombre de ces élévations est égal au nombre des radicaux qu'il faut faire disparaître. Il est faux, par conséquent, de dire avec Descartes que trois élévations successives au carré suffisent pour faire disparaître cinq radicaux.

Roberval répond au défi de Descartes par l'entremise de Carcavi : qu'il représente chaque radical par une lettre, et qu'il ne s'arrête dans le calcul qu'au moment où l'équation ne contient plus que des puissances paires des lettres qui représentent les radicaux (*).

Descartes répond à son tour à Carcavi (**) :

« Ce n'est rien que de dire comme il fait que ce que M. de Fermat « nommé $\sqrt{b}$ il l'appelle b, et ainsi des autres, ne s'arrêtant « point dans la suite de l'opération jusqu'à ce que dans l'équa- « tion subsiste b^2 ou ses degrés plus haut par nombre pair ; la « difficulté est de savoir par quelle opération on peut faire « cela, lorsqu'il y a plus de quatre termes incommensurables « donnés. »

La réponse de Descartes est juste, mais l'idée de Roberval n'en est pas moins très-heureuse, et on pourra voir dans les *Questions d'Algèbre* (page 319), 2e édition, la solution du problème que Roberval substitue au problème proposé.

Dans une autre lettre à Carcavi (***) Descartes dit encore :

« Il ne fait aucunement paraître (Roberval), par ce que vous

(*) OEuvres de Descates, tome X (page 348).
(**) Id. (page 352).
(***) Id. (page 345).

« m'avez envoyé de sa part qu'il sache la difficulté de M. de
« Fermat touchant les équations entre cinq ou six termes in-
« commensurables ; et afin que vous puissiez voir la preuve, je
« vous dirai que, lorsqu'on a

$$\sqrt{a}+\sqrt{b}+\sqrt{c}=\sqrt{d}+\sqrt{e},$$

« une partie de l'équation, après que toutes les asymétries sont
« ôtées, doit être

$$a^8+7a^7b+9a^5b^2c+22a^5bcd+94a^4bcde+52a^3b^3cd+34a^3b^2c^2d$$
$$+190a^2b^2c^2de,$$

« avec tous les termes des mêmes espèces que ces huit. Comme,
« par exemple, a^7c, a^7d, a^7e, b^7a, b^7c, etc., sont de même espèce
« que a^7b, et ainsi des autres. Faites donc s'il vous plaît que
« M. de Roberval vous donne l'autre partie de cette équation,
« avant que de croire qu'il la puisse trouver. »

Peut-être qu'au moment où Descartes écrit cette lettre, il est en possession de la méthode des *multiplications successives*, mais, en tout cas, il est encore un bien mauvais calculateur ; car, au lieu des coefficients 7, 9, 22, 94, 52, 34, 190 qu'il donne, il fallait trouver — 8, — 72, — 176, — 752, — 416, — 272, — 1520.

Mais, ainsi que je l'ai dit dans l'*Etude*, Descartes est le plus persévérant des calculateurs ; et, sur la fin de sa vie, comme on le voit dans l'extrait de ses manuscrits (*), il donne la solution exacte, à part deux ou trois fautes qui sont visiblement des fautes de copie ou d'impression. Voici ce qu'il dit à l'endroit cité :

« Si l'on propose de délivrer de l'asymétrie l'équation (conte-
« nant cinq radicaux du second degré), cela paraît difficile à
« quelques-uns qui ne font pas attention que le nombre des asy-
« métries n'augmente pas par la multiplication, et que, par con-
« séquent, on peut les faire disparaître toutes en multipliant. »

On voit que Descartes est maintenant en possession de la méthode qui a été exposée plus haut. Il donne ensuite une autre méthode qu'on trouvera dans les *Questions d'Algèbre* (page 328).

(*) Œuvres de Descartes, tome XI (page 446).

NOTE IV

TRIANGLE ARITHMÉTIQUE DE PASCAL

Je vais exposer ici la théorie du triangle arithmétique et ses applications les plus simples, telles qu'elles ont été données par Pascal lui-même, mais en adoptant le langage et les notations modernes. Je ferai voir ensuite toute la portée de l'invention du célèbre géomètre en résolvant au moyen du triangle arithmétique un grand nombre de questions très-diverses.

Première construction du triangle arithmétique d'après Pascal. — On construit le tableau (1) comme il suit :

$$
(1)\qquad
\begin{array}{llllllll}
1 & 1 & 1 & 1 & 1 & 1 & 1 & 1 \\
1 & 2 & 3 & 4 & 5 & 6 & 7 & \\
1 & 3 & 6 & 10 & 15 & 21 & & \\
1 & 4 & 10 & 20 & 35 & & & \\
1 & 5 & 15 & 35 & & & & \\
1 & 6 & 21 & & & & & \\
1 & 7 & & & & & & \\
1 & & & & & & &
\end{array}
$$

On écrit, sur une première ligne, l'unité à la suite d'elle-même autant de fois que l'on veut, huit fois par exemple. On forme ensuite chacun des nombres de la seconde ligne en ajoutant le nombre qui est à sa gauche avec celui qui est au-dessus de lui, et on arrête cette ligne lorsqu'elle contient un nombre de moins que la première ligne. On suppose d'ailleurs dans l'application de la règle, que le premier nombre à gauche d'une ligne est précédé par le nombre zéro. On a ainsi

$$1 = 0 + 1, \qquad 2 = 1 + 1, \qquad 3 = 2 + 1, \qquad \text{etc.}$$

Les nombres de la troisième ligne se déduisent ensuite des nombres de la seconde ligne comme ceux-ci des nombres de la première. Ainsi les nombres de la troisième ligne sont calculés d'après les égalités suivantes :

$$1 = 0 + 1, \quad 2 = 1 + 2, \quad 6 = 3 + 3, \quad 10 = 6 + 4, \quad \text{etc.}$$

On écrit d'ailleurs dans la troisième ligne un nombre de moins que dans la seconde.

On continue ainsi en déduisant toujours, de la même manière, chaque ligne de la précédente, jusqu'à ce que l'on ait obtenu une ligne ne contenant plus qu'un seul nombre. Le tableau présente alors la forme d'un triangle, et c'est de là que lui vient le nom de *triangle arithmétique* qui lui a été donné par Pascal.

Théorème I. — *Un nombre quelconque du tableau est égal à la somme de tous les nombres de la ligne précédente depuis l'unité jusqu'au nombre placé au-dessus de lui, ou bien encore à la somme de tous les nombres compris dans la colonne précédente depuis l'unité jusqu'au nombre placé à côté de lui dans la même ligne.*

En effet, prenons, par exemple, le nombre 35 de la quatrième ligne. Il résulte du mode de formation du tableau (1) que chacun des nombres de ce tableau est égal à la somme des nombres placés, l'un au-dessus de lui, l'autre à sa gauche : on a alors

$$35 = 15 + 20, \quad 20 = 10 + 10, \quad 10 = 6 + 4, \quad 4 = 3 + 1 ;$$

et, par suite, en ajoutant les égalités, membre à membre, on a

$$35 = 15 + 10 + 6 + 3 + 1.$$

La première partie du théorème est donc démontrée.

La seconde partie se démontre de même ; car on a

$$35 = 20 + 15, \quad 15 = 10 + 5, \quad 5 = 4 + 1 ;$$

et si l'on ajoute, membre à membre, les égalités précédentes, il vient

$$35 = 20 + 10 + 4 + 1.$$

Corollaire. — Les lignes et les colonnes de même rang sont composées des mêmes nombres pris dans le même ordre.

En effet, la première ligne et la première colonne sont identiques, et il résulte du théorème I que, dès que la propriété énoncée a lieu pour une ligne et une colonne dont les rangs sont les mêmes, elle a lieu pour la ligne et la colonne suivante.

Remarque. — On peut encore considérer tous les nombres du tableau comme étant rangés sur des lignes parallèles à celle qui contient les derniers nombres à droite du tableau : c'est cette dernière ligne que Pascal appelait la *base* du triangle. La première ligne à gauche contient alors le nombre 1, la seconde ligne les nombres 1, 1, la troisième ligne, les nombres 1, 3, 3, 1, etc. Nous ferons seulement observer ici qu'en vertu du corollaire précédent, dans chacune des lignes parallèles à la base, les nombres équidistants des extrêmes sont égaux.

Deuxième construction du triangle. — On forme le tableau (2) de la manière suivante :

(2)

```
1
1 1
1 2  1
1 3  3  1
1 4  6  4  1
1 5 10 10  5  1
1 6 15 20 15  6 1
1 7 21 35 35 21 7 1.
```

On écrit d'abord le nombre 1 seul dans une première ligne. Puis on forme successivement toutes les autres lignes en écrivant, au-dessous de chacun des nombres d'une ligne quelconque, la somme que l'on obtient en ajoutant ce nombre à celui qui le précède dans sa ligne. D'ailleurs, pour l'application de la règle, on admet que chaque ligne est précédée et suivie d'un zéro. On a ainsi successivement pour chaque ligne, à partir de la deuxième,

$1 = 1 + 0, \quad 1 = 0 + 1;$

$1 = 1 + 0, \quad 2 = 1 + 1, \quad 1 = 0 + 1;$

$1 = 1 + 0, \quad 3 = 2 + 1, \quad 3 = 1 + 2, \quad 1 = 0 + 1,$ etc.

THÉORÈME II. — *Un nombre quelconque du tableau* (2) *est égal à la somme des nombres de la colonne qui précède la sienne, depuis* 1 *jusqu'au nombre placé à gauche du nombre qui est au-dessus de lui.*

En effet, soit, par exemple, le nombre 10 de la troisième colonne. En remarquant que, d'après le mode de formation du tableau (2), chacun des nombres de ce tableau est égal à la somme du nombre placé au-dessus de lui et du nombre placé à gauche de ce dernier, on a

$$10 = 4 + 6, \quad 6 = 3 + 3, \quad 3 = 2 + 1, \quad 1 = 0 + 1 ;$$

et si l'on ajoute les égalités, membre à membre, il vient

$$10 = 4 + 3 + 2 + 1.$$

Corollaire. — Les colonnes du tableau (2) sont identiques à celles du tableau (1) ; la seule différence, c'est que, dans le tableau (2), le premier nombre de chaque colonne descend d'une ligne lorsque l'on passe d'une colonne à la suivante.

Définition. — Les nombres entiers consécutifs, qui sont contenus dans la seconde colonne, sont dits nombres du premier ordre, les nombres de la troisième colonne, nombres du second ordre et ainsi de suite.

Le théorème II peut alors s'énoncer de la manière suivante :

La somme des n *premiers nombres de l'ordre* r *est également* $n^{\text{ème}}$ *nombre de l'ordre* r + 1.

THÉORÈME III. — *Dans chaque ligne du tableau* (2), *les nombres équidistants des extrêmes sont égaux.*

Comme le théorème est vérifié directement pour les premières lignes, tout revient à faire voir que, si le théorème est vrai pour une certaine ligne, il est encore vrai pour la ligne suivante. Or dans la ligne, pour laquelle le théorème est vrai, les nombres se succèdent dans le même ordre, lorsqu'on les lit dans les deux sens opposés ; donc en formant les nombres de la ligne suivante, d'après la règle donnée plus haut, mais en marchant de la droite vers la gauche, on trouve les mêmes nombres que si on les avait obtenus en commençant par la droite. Il suit évidemment de là que, dans la seconde des deux lignes, les nombres équidistants des extrêmes sont égaux.

Corollaire. — Dans le tableau (1), les colonnes et les parallèles à la base de même rang sont composées des mêmes nombres et dans le même ordre. (Les rangs des parallèles à la base se comptent à partir de cette base.)

THÉORÈME IV. — *Dans le tableau* (2), *la somme des nombres d'une ligne est égale à une puissance de* 2 *inférieure d'une unité au rang de cette ligne.*

Le théorème étant immédiatement vérifié pour la première puissance, tout revient à faire voir que, s'il est vrai pour une ligne, il est vrai aussi pour la ligne suivante. Or c'est ce qui est évident, car chacun des nombres d'une ligne étant égal à la somme de deux nombres de la ligne précédente, la première somme est double de la seconde.

THÉORÈME V. — *A partir de la seconde ligne, les nombres des différentes lignes dans le tableau* (2) *sont les coefficients des puissances successives d'un binôme* x + a, *depuis la première puissance.*

Les nombres de la seconde ligne, dans le tableau (2), étant évidemment les coefficients de x et a dans $x+a$, tout revient à démontrer que les coefficients d'une puissance de $x+a$ se déduisent des coefficients de la puissance inférieure d'une unité, comme, dans le tableau (2), les nombres d'une ligne se déduisent de la précédente.

En effet, la simple multiplication montre que l'on a

$$(x+a)^m = x^m + A_1 a x^{m-1} + A_2 a^2 x^{m-2} + A_3 a^3 x^{m-3} + \dots,$$

1, A_1, A_2, A_3, ... étant les coefficients du développement; et si l'on multiplie par $x+a$ les deux membres de l'identité précédente, il vient

$$(x+a)^{m+1} = x^{m+1} \begin{array}{l|l|l|l} +A_1 & a x^m + A_2 & a^2 x^{m-1} + A_3 & a^3 x^{m-2} + \dots \\ +1 & \quad\;\; + A_1 & \qquad\quad + A_2 & \end{array}$$

On voit ainsi que, si l'on écrit sur deux lignes les coefficients des deux puissances successives de $x+a$, de telle sorte

que deux coefficients de même rang, dans les deux développements, soient placés l'un au-dessus de l'autre, chaque nombre de la seconde ligne sera égal à la somme du nombre qui est au-dessus de lui et du nombre qui est à la droite de ce dernier. Or cette règle est précisément celle que l'on suit pour déduire chaque ligne du tableau (2) de la ligne précédente ; le théorème est donc démontré.

Théorème VI. — *Dans chaque ligne du tableau* (2), *le rapport d'un terme au précédent est égal au rapport des nombres qui expriment les rangs de ces termes, si l'on compte le rang du premier nombre à partir du dernier nombre de la ligne et le rang de l'autre nombre à partir du deuxième nombre de la même ligne.*

Le théorème étant facilement vérifié par les premières lignes, tout revient à faire voir que, s'il est vrai pour une ligne, il est encore vrai pour la ligne suivante.

Soient $a, b, c \ldots h, k, l \ldots$, les nombres d'une ligne pour laquelle le théorème est vrai, k et l étant deux nombres consécutifs quelconques dont les rangs comptés, comme il a été dit, sont représentés respectivement par q et s, et h étant le nombre qui précède k : on a, par hypothèse,

$$\frac{l}{k} = \frac{s}{q}, \qquad \frac{k}{h} = \frac{s+1}{q-1};$$

d'où l'on déduit

$$\frac{l+k}{k} = \frac{s+q}{q}, \qquad \frac{k}{h+k} = \frac{s+1}{s+q}.$$

Or, en multipliant, membre à membre, les deux dernières égalités, on a

$$\frac{l+k}{h+k} = \frac{s+1}{q};$$

et comme $l+k$ et $h+k$ sont les nombres qui correspondent à l et k dans la ligne suivante, leurs rangs sont $s+1$ et q ; le théorème est donc démontré.

Corollaire. — Dans le développement de $(x+a)^m$, le rapport du terme, qui en a r avant lui, au précédent est $\frac{m-r+1}{r}$.

En effet, la $(m+1)^{\text{ème}}$ ligne du tableau (2) contenant $m+1$ nombres, le nombre qui en a r avant lui en a $m-r$ après lui, et est, par suite, placé au $(m-r+1)^{\text{ème}}$ rang à partir de la droite.

Problème I. — *Trouver le développement de* $(x+a)^m$.

Tout revient à déterminer les expressions des nombres de la $(m+1)^{\text{ème}}$ ligne du tableau (2) en fonction de m. Or, d'après le corollaire du théorème VI, le rapport d'un terme au précédent, à partir du second terme, prend successivement les valeurs m, $\frac{m-1}{2}$, $\frac{m-2}{3}$, $\frac{m-3}{4}$, etc., et comme le premier nombre de la ligne est 1, les nombres sont 1, m, $\frac{m(m-1)}{1 \cdot 2}$, $\frac{m(m-2)(m-2)}{1 \cdot 2 \cdot 3}$, ..., $\frac{m(m-1)(m-2)\ldots(m-r-1)}{1 \cdot 2 \cdot 3 \ldots r}$, ...; on a donc

$$(x+a)^m = x^m + max^{m-1} + \frac{m(m-1)}{1 \cdot 2} a^2 x^{m-2} + \ldots$$
$$+ \frac{m(m-1)(m-2)\ldots(m-r+1)}{1 \cdot 2 \cdot 3 \ldots r} a^r x^{m-r} + \ldots a^m.$$

Remarque. — $\frac{m(m-1)(m-2)\ldots(m-r+1)}{1 \cdot 2 \cdot 3 \ldots r}$ est l'expression du nombre qui en a r avant lui dans la $(m+1)^{\text{ème}}$ ligne du tableau (2).

Lemme. — *Le nombre des combinaisons de* m *lettres* r *à* r *est égal à la somme du nombre des combinaisons de* m — 1 *lettres* r — 1 *à* r — 1 *et du nombre des combinaisons de* m — 1 *lettres* r *à* r.

Soient m lettres $a, b, c \ldots k, l$. On peut partager les combinaisons de m lettres r à r en deux groupes comprenant, l'un, toutes les combinaisons qui contiennent la lettre l, et l'autre, toutes les combinaisons où la lettre l n'entre pas. Ce dernier groupe est évidemment formé des combinaisons de $m-1$ lettres prises r à r ; quant au premier groupe, on remarque que, si, dans chacune des combinaisons qui y figurent, on retranche la lettre l, il reste une combinaison de $m-1$ lettres $r-1$ à $r-1$. On a donc bien

$$C_{m,r}=C_{m-1,r-1}+C_{m-1,r}.$$

PROBLÈME II. — *Déduire du tableau* (2) *la formule qui donne le nombre de combinaisons de* m *lettres* r *à* r.

Le formule qu'il faut démontrer est celle-ci :

$$C_{m,r}=\frac{m(m-1)(m-2)\ldots(m-r+1)}{1.2.3 \qquad\qquad r}$$

Or le second membre de cette formule étant le $(r+1)^{\text{ème}}$ nombre de la $(m+1)^{\text{ème}}$ ligne (Pr. I), tout revient à démontrer que le $(r+1)^{\text{ème}}$ nombre de la $(m+1)^{\text{ème}}$ ligne est égal au nombre des combinaisons de m lettres r à r. On peut d'abord s'assurer qu'il en est ainsi pour les nombres de la deuxième ligne; et il ne reste plus qu'à faire voir que, si le théorème est vrai pour une ligne, il est vrai pour la ligne suivante. Or le $r^{\text{ème}}$ et le $(r+1)^{\text{ème}}$ nombre de la $m^{\text{ème}}$ ligne sont égaux respectivement, par hypothèse, à $C_{m-1,r-1}$, $C_{m-1,r}$; donc le $(r+1)^{\text{ème}}$ nombre de la $(m+1)^{\text{ème}}$ ligne, qui est égal à la somme de $C_{m-1,r-1}$ et de $C_{m-1,r}$, sera égal, en vertu du lemme, à $C_{m,r}$.

PROBLÈME III. — *Trouver l'expression du* $n^{\text{ème}}$ *nombre de l'ordre* $r+1$. — Je dis que, si l'on désigne ce nombre par N_{r+1}, on a la formule

$$(1) \qquad N_{r+1}=\frac{n(n+1)(n+2)\ldots(n+r)}{1.2.3\ldots \qquad (r+1)}.$$

En effet, N_{r+1} est le terme qui en a $r+1$ avant lui dans la $(n+r+1)^{\text{ème}}$ ligne ; on l'obtiendra donc en changeant m en $n+r$ et r en $r+1$ dans l'expression du $(r+1)^{\text{ème}}$ nombre de la $(m+1)^{\text{ème}}$ ligne (Rem. Pr. I). Or en faisant le double changement indiqué, on a bien la formule (1).

REMARQUE. — N_{r+1} est aussi donné par la formule

$$(2) \qquad N_{r+1}=\frac{(r+2)(r+3)\ldots(r+n)}{1.2\ldots \qquad (n-1)}.$$

En effet, le second membre de cette formule représente le nombre qui en a $n - 1$ avant lui dans la $(n + r + 1)^{\text{ème}}$ ligne. Or, dans cette ligne, les termes qui ont respectivement $r + 1$ et $n - 1$ nombres avant eux, sont deux termes à égale distance des extrêmes, et, par suite, sont égaux (Th. III).

PROBLÈME IV. — *Trouver la formule qui donne la somme des* n *premiers nombres de l'ordre* r,

En désignant cette somme par Σ_r, on a

$$\Sigma_r = \frac{n(n+1)(n+2)\ldots(n+r)}{1.2.3\ldots\quad(r+1)}.$$

En effet, le second membre de la formule représente le $n^{\text{ème}}$ nombre de l'ordre $r + 1$ (Pr. III) ; et on sait (Th. II) que la somme des n premiers nombres de l'ordre r est égale au n^{eme} nombre de l'ordre $r + 1$.

En appliquant la formule précédente aux nombres des trois premiers ordres, on a

$$(1)\quad \Sigma_1 = \frac{n(n+1)}{1.2},\qquad (2)\quad \Sigma_2 = \frac{n(n+1)(n+2)}{1.2.3},$$

$$(3)\qquad \Sigma_3 = \frac{n(n+1)(n+2)(n+3)}{1.2.3.4}.$$

PROBLÈME V. — *Trouver la somme des puissances* m^{eme} *de* n *nombres en progression arithmetique.*

La solution de Pascal se déduit du développement de $(x + a)^m$ et est analogue à celle que l'on donne ordinairement dans les traités d'Algèbre (*) ; mais, dans le cas de la somme des carrés et de celle des cubes des n premiers nombres entiers, on peut donner une autre solution très-simple fondée sur l'application des formules (1), (2) et (3) (Pr. IV).

1° *Trouver la somme* S_2 *des carrés des* n *premiers nombres entiers*. On part de l'identité

$$(1)\qquad n^2 = n(n+1) - n,$$

dont on divise les deux membres par 2, et dans laquelle on

(*) Voyez la page (252) des *Questions d'Algèbre* (2e édition).

donne successivement à n les valeurs 1, 2, 3 ... n. On ajoute ensuite, membre à membre, toutes les identités obtenues, et l'on a ainsi

$$\frac{S_2}{2} = \frac{1 \cdot 2}{1 \cdot 2} + \frac{2 \cdot 4}{1 \cdot 2} + \dots \frac{n(n+1)}{1 \cdot 2} - \frac{S_1}{2},$$

ou, en tenant compte des formules (1) et (2) (Pr. IV),

$$S_2 = \frac{n(n+1)(n+2)}{3} - \frac{n(n+1)}{2} = \frac{n(n+1)(2n+1)}{6}.$$

2° *Trouver la somme* S_3 *des cubes des premiers nombres entiers.* On part de l'identité

$$(2) \qquad n^3 = (n-1)n(n+1) + n,$$

dont on divise les deux membres par 6, et dans laquelle on donne successivement à n les valeurs 1, 2, 3 ... n. On ajoute ensuite, membre à membre, toutes les identités obtenues, et l'on a

$$\frac{S_3}{6} = \frac{1 \cdot 2 \cdot 3}{1 \cdot 2 \cdot 3} + \frac{2 \cdot 3 \cdot 4}{1 \cdot 2 \cdot 3} + \frac{(n-1)n(n+1)}{1 \cdot 2 \cdot 3} + \frac{S_1}{6},$$

ou, en appliquant la formule (3)(Pr. IV) dans laquelle on change n en $n-1$,

$$S_3 = \frac{(n-1)n(n+1)(n+2)}{4} + S_1.$$

En mettant maintenant pour S_1 sa valeur dans l'égalité précédente, on a finalement

$$S_2 = \left(\frac{n(n+1)}{1 \cdot 2}\right)^2 = S_1^2.$$

Problème VI. — *Trouver la somme des carrés des* n *premiers nombres entiers multipliés respectivement par des nombres quelconques* $a_1, a_2 \dots, a_n$.

Multiplions par a_n les deux membres de l'identité (1) (Pr. V), faisons-y successivement n égal à 1, 2, 3 ... n, dans l'indice de a_n comme dans toute l'expression, et ajoutons, membre à membre, les identités ainsi obtenues : Σ étant, comme à l'ordinaire, le signe de la sommation, on a

$$\Sigma n^2 a_n = 2\,\Sigma \frac{n(n+1)}{1\,.\,2} a_n - \Sigma n a_n.$$

Si l'on convient d'appeler, somme *triangulaire* de n nombres quelconques, la somme de ces nombres multipliés respectivement par les n premiers nombres entiers, et, somme *pyramidale*, la somme de n nombres quelconques multipliés respectivement par les n premiers nombres du second ordre, la formule précédente conduit au théorème suivant énoncé par Pascal (Lettre de Dettonville à Carcavi sur la solution des problèmes relatifs à la *Roulette*) : *La somme de* n *nombres quelconques multipliés respectivement par les carrés des* n *premiers nombres entiers est égale à deux fois leur somme pyramidale moins leur somme triangulaire.*

Remarque I. — En partant de l'identité (2) (Pr. V), on pourrait donner un théorème semblable au précédent et relatif à la somme de n nombres quelconques multipliés respectivement par les cubes des n premiers nombres entiers.

Remarque II. — Quand les n nombres a_1, a_2, a_3 . . . a_n sont donnés, un tableau, dont la construction sera indiquée plus tard (tableau 7, page (107)), permettra de calculer les sommes triangulaires et pyramidales de ces nombres, et, par suite, en appliquant le théorème précédent, on pourra calculer la somme des produits des n nombres a_1, a_2 ..., a_n respectivement, par 1^2, 2^2 ... n^2.

GÉNÉRALISATIONS DIVERSES DU TRIANGLE DE *PASCAL* ET APPLICATIONS NOUVELLES.

1re Généralisation. — On obtient le tableau (3) comme il suit :

$$(3)\quad \begin{array}{lllll} a & b & c & d & e \\ a & b+a & c+b & d+c & e+d \\ a & b+2a & c+2b+a & d+2c+b & e+2d+c \\ a & b+3a & c+3b+3a & d+3c+3b+a & e+3d+3c+b \\ \cdot & \cdot & \cdot & \cdot & \cdot \\ \cdot & \cdot & \cdot & \cdot & \cdot \end{array}$$

Sur une première ligne, on écrit $m+1$ nombres quelconques $a, b, c, d \ldots l$, et on forme une seconde ligne en écrivant, au-dessous de chaque nombre de la première ligne, la somme de ce nombre et de celui qui est à sa gauche ; on déduit ensuite, de la même manière, une troisième ligne de la deuxième, et ainsi de suite. On propose alors de résoudre le problème suivant :

PROBLÈME VI. — *Exprimer, en fonction des* $m+1$ *nombres* $a, b, c, d \ldots g, k, l$, *le* $(m+1)^{ème}$ *terme de la* $(r+1)^{ème}$ *ligne du tableau* (3).

La question est de déterminer les multiplicateurs des lettres $a, b, c, d \ldots l$ dans le terme considéré ; et tout revient à trouver, dans ce terme, l'expression générale du coefficient de la lettre h qui en a p avant elle quand on lit les lettres $a, b, c, d \ldots l$ dans l'ordre inverse de l'ordre alphabétique. Or, si, dans le tableau (3), nous donnons des valeurs nulles à toutes les lettres excepté h, nous obtiendrons le tableau suivant :

$$(4)\quad \begin{array}{lllll} h & & & & \\ h & h & & & \\ h & 2h & h & & \\ h & 3h & 3h & h & \\ h & 4h & 6h & 4h & h \\ \cdot & \cdot & \cdot & \cdot & \cdot \\ \cdot & \cdot & \cdot & \cdot & \cdot \end{array}$$

Ce tableau aurait pu être formé directement, d'après la même règle que le tableau (2), avec cette seule différence qu'on aurait écrit h au lieu de 1 dans la première ligne. C'est, suivant l'expression de Pascal, un triangle dont le *générateur* est h au lieu de l'unité. Si on le réduit aux multiplicateurs de h ou, ce qui revient au même, si on y fait h égal à 1, on a le tableau (2) lui-même.

Cela posé, on remarque que les nombres de la $(p+1)^{\text{ème}}$ colonne du tableau (2) sont les multiplicateurs de h dans les termes de la $(m+1)^{\text{ème}}$ colonne du tableau (3). En effet, dans le tableau (3), c'est dans la $(m-p+1)^{\text{ème}}$ colonne que le nombre h figure pour la première fois, puisque, p étant le nombre des lettres qui précèdent h quand on lit les lettres dans l'ordre inverse de l'ordre alphabétique, le nombre des lettres qui précèdent h est $m-p$ quand on lit les lettres dans l'ordre alphabétique lui-même. Il s'ensuit que la première colonne du tableau (4) correspond à la $(m-p+1)^{\text{ème}}$ colonne du tableau (3), et que, par conséquent, la $(p+1)^{\text{ème}}$ colonne des tableaux 4) et (2) correspond à la $(m+1)^{\text{ème}}$ colonne du tableau (3).

On voit ainsi que le coefficient de h, dans le terme qu'il s'agit d'évaluer, est le $(p+1)^{\text{ème}}$ nombre de la $(r+1)^{\text{ème}}$ ligne du tableau (2), c'est-à-dire le nombre des combinaisons de r lettres prises p à p. Si donc on donne à p successivement les valeurs $m, m-1 \ldots r, 1$, on obtiendra, pour coefficients des lettres $a, b, c \ldots k. l$ dans le terme demandé, $\dfrac{r(r-1)\ldots(r-m+1)}{1.2\ldots m}$, $\dfrac{r(r-1)\ldots(r-m+2)}{1.2\ldots(m-1)}$, $\ldots r$; et en désignant par L le terme demandé lui-même, on a

$$L = l + rk + \frac{r(r-1)}{1.2}g + \ldots \frac{r(r-1)(r-2)\ldots(r-m+1)}{1.2\ldots m}a.$$

Problème VII. — *Application de la généralisation précédente à la démonstration d'une formule relative au calcul des différences.*

Étant donnée une fonction d'une variable x, entière et du degré m, que l'on représente par $f(x)$, on y remplace x successivement par $m+1$ nombres en progression arithmétique

x_0, x_0+h, x_0+2h, ... x_0+mh, et on calcule les résultats des substitutions $\alpha, \beta, \gamma \ldots \lambda, \mu$. On retranche ensuite chacun des nombres $\alpha, \beta, \gamma \ldots$ de celui qui le suit et on a ainsi m nombres $\alpha_1, \beta_1, \gamma_1 \ldots \lambda_1$ qu'on appelle les *différences premières*. On retranche encore chacun des nombres $\alpha_1, \beta_1, \gamma_1$, de celui qui le suit, et on obtient de cette manière les $m-1$ *différences secondes ;* puis on continue toujours de la même manière jusqu'à ce qu'on soit arrivé à la différence d'ordre m qui est toujours la même, quelque soit le membre x_0. Si, par exemple, la fonction est $x^3+11x^2-102x+181$, et que l'on y substitue à x les nombres $-1, 0, 1, 2, 3, 4$, on a le tableau suivant :

	293	181	91	29	1	13
(5)	−112	−90	−62	−28	12	58
	22	28	34	40	46	52
	6	6	6	6	6	6

dans lequel la première ligne contient les nombres $f(-1)$, $f(0)$, $f(1)$, $f(2)$, $f(3)$, $f(4)$, la seconde ligne, les différences premières, la troisième ligne, les différences secondes, et la quatrième ligne, les différences troisièmes qui sont toutes égales à 6.

Il résulte évidemment du mode de formation du tableau (5) que chaque nombre, qui y est inscrit, est égal à la somme du nombre qui est à sa gauche et de celui qui est placé au-dessous de ce dernier. On peut alors, dès qu'une colonne du tableau est connue, trouver toutes celles qui sont à sa droite. Ainsi on formera la seconde colonne du tableau, la première étant connue, à l'aide des égalités suivantes :

$$6=6+0,\quad 28=22+6,\quad -90=-112+22,\quad 181=293-112.$$

On déduira ensuite de la même manière la troisième colonne de la seconde, et ainsi de suite.

Pour obtenir maintenant une disposition analogue à celle du tableau (3), écrivons les colonnes du tableau (5) en lignes et les lignes en colonnes, comme il suit :

	6	22	−112	293
(6)	6	28	−90	181
	6	54	−62	91
	6	40	−28	29.

Alors, comme dans le tableau (3), chacun des nombres du tableau (6) est égal à celui qui est au-dessus de lui augmenté du nombre placé à droite de ce dernier. D'ailleurs les nombres inscrits dans la première ligne du nouveau tableau sont, en allant de gauche à droite, les différences troisième, seconde, première et la valeur de la fonction qui correspondent à x égal à -1. En général, si la fonction est la fonction $f(x)$ entière, rationnelle et du degré m par rapport à x, que l'on donne à x les valeurs x_0, x_0+h, $x_0+2h \dots x_0+mh$, et que l'on désigne en général par Δ_p la différence d'ordre p qui correspond à x égal à x_0, les nombres de la première ligne en allant de gauche à droite seront $\Delta_m, \Delta_{m-1}, \Delta_{m-2} \dots \Delta, f(x_0)$. Faisant maintenant l'application de la formule générale du problème VI, et remarquant que le $(m+1)^{\text{ème}}$ nombre de la $(r+1)^{\text{ème}}$ ligne représente $f(x_0+rh)$, on a

$$f(x_0+rh)=f(x_0)+r\Delta+\frac{r(r-1)}{1.2}\Delta_2+\dots+\frac{r(r-1)\dots(r-m+1)}{1.2\dots m}\Delta_m;$$

et si l'on pose

$$x_0+rh=x, \quad \text{d'où} \quad r=\frac{x-x_0}{h},$$

il vient

$$(1) \quad f(x)=f(x_0)+\frac{x-x_0}{h}\Delta+\left(\frac{x-x_0}{h}\right)\left(\frac{x-x_0}{h}-1\right)\frac{\Delta_2}{1.2}$$
$$+\dots+\left(\frac{x-x_0}{h}\right)\left(\frac{x-x_0}{h}-1\right)\dots\left(\frac{x-x_0}{h}-(m+1)\right)\frac{\Delta_m}{1.2.3\dots m}.$$

C'est la formule qu'il s'agissait d'établir.

2me Généralisation. — Au lieu d'écrire l'unité à la suite d'elle-même comme dans le tableau (1), écrivons dans une première ligne $m+1$ nombres quelconques a, b, c, d, $e \dots g$, k, l, et formons les autres lignes d'après la règle qui a servi à construire le tableau (1) ; nous aurons ainsi le tableau suivant :

$$(7) \quad \begin{array}{lllll}
a & b & c & d & e \\
a & a+b & a+b+c & a+b+c+d & a+b+c+d+e \\
a & 2a+b & 3a+2b+c & 4a+3b+2c+d & 5a+4b+3c+2d+e \\
a & 3a+b & 6a+3b+c & 10a+6b+3c+d & 15a+10b+6c+3d+e \\
\dots & \dots & \dots & \dots & \dots \\
\dots & \dots & \dots & \dots & \dots
\end{array}$$

auquel on peut donner, si l'on veut, la forme d'un triangle en écrivant dans chaque ligne un terme de moins que dans le précédent.

Voyons d'abord quels sont les multiplicateurs des lettres a, b, c . . . dans les différentes lignes du tableau (7) ; et, pour cela, faisons successivement toutes les lettres égales à zéro excepté l'une d'elles. En commençant par la lettre a que nous supposons d'abord être la seule qui soit différente de zéro, nous aurons le tableau

$$(8)\qquad \begin{array}{llllll} a & 0 & 0 & 0 & 0 & 0 \\ a & a & a & a & a & \\ a & 2a & 3a & 4a & & \\ a & 3a & 6a & & & \\ a & 4a & & & & \\ a & & & & & \end{array}$$

On voit qu'en faisant abstraction de la première ligne, ce tableau n'est autre que le tableau (1) dont on aurait multiplié tous les nombres par a, c'est-à-dire qu'on obtient le triangle arithmétique dont le générateur est a. Alors, à partir de la troisième ligne, les multiplicateurs de a dans chaque ligne sont successivement les nombres du premier, du second, du troisième ordre, etc.

Si l'on veut ensuite trouver les multiplicateurs de b dans le tableau (7), on fera, dans ce tableau, toutes les lettres nulles excepté b, et on obtiendra le triangle arithmétique dont le générateur est b. Seulement, comme la première colonne du nouveau tableau correspond à la seconde colonne du tableau (7), le multiplicateur de b dans un terme de ce dernier tableau sera le nombre qui précède le multiplicateur de a dans la ligne du tableau (1) qui contient ce multiplicateur. On voit de même que le multiplicateur de c dans un terme du tableau (7) précède, dans le tableau (1), le multiplicateur de b dans le même terme, et ainsi de suite. Il est alors facile de résoudre le problème suivant :

PROBLÈME VIII. — *Exprimer, en fonction des* m + 1 *nombres* a, b, c, ..., g, k, l *le* (m + 1)^{ème} *terme de la* (r + 1)^{ème} *ligne du tableau* (7).

D'après ce qui précède, dans le $(m+1)^{\text{ème}}$ terme de la $(r+1)^{\text{ème}}$ ligne du tableau (7), les nombres l, k, g, ..., c, b, a

sont multipliés, respectivement, par les $m+1$ premiers nombres de l'ordre $r-1$. Alors changeant n en $m+1$ et r en $r-2$ dans la formule (2) (Pr. III), et désignant par M le nombre demandé, on a

$$M = l + rk + \frac{r(r+1)}{1.2}g + \ldots + \frac{r(r+1)(r+2)\ldots(r+m-1)}{1.2\ldots m}a.$$

PROBLÈME IX. — *Établir une nouvelle formule relative au calcul des différences.*

Prenons, pour exemple, la même fonction que dans le problème VII, et supposons que le tableau (5) ait d'abord été formé, comme il a été dit. Mais remarquons maintenant que les nombres du tableau (5) peuvent aussi être calculés par lignes obliques, comme il suit. On part d'une première ligne oblique contenant les nombres 6, 28, —62, 29 que l'on obtient en prenant d'abord le nombre 6 dans la dernière ligne, puis le nombre 28 qui est à droite du nombre 22 placé au dessus de 6 et ainsi de suite. Cela fait, on forme la seconde ligne oblique d'après les égalités suivantes :

$$6=6, \quad 34=28+6, \quad -28=-62+34, \quad 1=29-28;$$

et de même pour les autres.

Supposons maintenant que les lignes obliques successives soient placées sur des lignes horizontales, comme dans le tableau suivant :

	6	28	—62	29
(9)	6	34	—28	1
	6	40	12	13.
	. .	. .	. .	. .
	. .	. .	. .	. .

Alors chaque nombre du tableau sera égal au nombre qui est au dessus de lui augmenté de celui qui est à sa droite ; c'est-à-dire que le tableau (9) jouit de la propriété caractéristique du tableau (7). D'ailleurs on remarque que les nombres 29, —62, 28 et 6 sont $f(2)$ et les différences première, seconde, troisième relatives respectivement à 1, 0, —1.

Revenons maintenant à la fonction générale du degré m, et désignons par $\Delta_{1,1}$, $\Delta_{2,2}$, $\Delta_{3,3}$.... $\Delta_{m,m}$ les différences première, seconde, troisième, etc., relatives respectivement à $x_o - h$, $x_o - 2h$, $x_o - 3h$, etc. Alors les nombres inscrits dans la première ligne du tableau analogue au tableau (9) sont en allant de droite à gauche, $f(x_o)$, $\Delta_{1,1}$, $\Delta_{2\cdot 2}, \ldots \Delta_{m,m}$; et si l'on se propose de trouver, en fonction des $m+1$ nombres de la première ligne du tableau, l'expression du $(m+1)^{\text{ème}}$ nombre de la $(r+1)^{\text{ème}}$ ligne de ce tableau, c'est-à-dire $f(x_o + rh)$, on aura, d'après la formule du problème VIII,

$$f(x_0 + rh) = f(x_0) + r\,\Delta_{1,1} + \frac{r(r+1)}{1\,.\,2}\Delta_{2,2} + \ldots$$
$$+ \frac{r(+1)(r+2)\ldots r+m-1}{1\,.\,2\,.\,3\ldots m}\Delta_{m,m}.$$

Si maintenant on pose

$$x_0 + rh = x, \quad \text{d'où} \quad r = \frac{x - x_0}{h}$$

il vient

$$(1)\quad \begin{aligned} f(x) &= f(x_0) + \frac{x-x_0}{h}\Delta_{1,1} + \frac{x-x_0}{h}\left(\frac{x-x_0}{h}+1\right)\frac{\Delta_{2,2}}{1.2} + \ldots \\ &+ \frac{x-x_0}{h}\left(\frac{x-x_0}{h}+1\right)\ldots\left(\frac{x-x_0}{h}+m-1\right)\frac{\Delta_{m,m}}{1.2.3\ldots m}; \end{aligned}$$

c'est la formule qu'il s'agissait d'établir (*).

181. 3me généralisation. — On forme le tableau (10)

$$(10)\quad \begin{array}{lllll} h & & & & \\ l & & & & \\ l & h & & & \\ l & h+l & & & \\ l & h+2l & h & & \\ l & h+3l & 2h+l & & \\ l & h+4l & 3h+3l & h & \\ l & h+5l & 4h+6l & 3h+l, & \\ \ldots & \ldots & \ldots & \ldots & \end{array}$$

(*) Voyez la note V pour une application de cette formule à la résolution des équations numériques.

comme il suit : on écrit d'abord, l'un au dessous de l'autre, deux nombres quelconques h et l ; puis on obtient chacun des termes dans les lignes suivantes, en ajoutant, au terme qui est au dessus de lui dans la ligne précédente, celui qui est à la gauche du terme placé au dessus de ce dernier. Il est d'ailleurs sous-entendu que, dans le calcul des termes, on suppose, comme dans les tableaux précédents, que chaque ligne commence et finit par un zéro.

On demande d'abord à quelle loi sont assujettis les multiplicateurs de l et h dans le tableau (10). Pour obtenir ceux de l, faisons d'abord h égal à zéro dans le tableau, et réduisons les termes, qui contiennent l, à leurs multiplicateurs : nous aurons ainsi le tableau suivant dont la première colonne correspond à celle du tableau (10) :

(11)

1			
1			
1	1		
1	2		
1	3	1	
1	4	3	
1	5	6	1
1	6	10	4.
.	.	.	.

Or je dis que les nombres inscrits dans ce tableau sont les mêmes que ceux du triangle arithmétique (2). En effet, le tableau (11) peut être considéré comme formé par la même règle que le tableau (10), avec cette seule différence que, dans le nouveau tableau, les deux premiers nombres sont égaux à l'unité. Il suit évidemment de là que, si l'on fait remonter toutes les colonnes, à partir de la deuxième, de telle sorte que les premiers nombres de deux colonnes consécutives soient placés dans deux lignes consécutives elles-mêmes, le mode de formation du tableau (11) deviendra identique à celui du tableau (2), et, par suite, les deux tableaux eux-mêmes seront identiques.

Si maintenant on suppose le tableau (10) réduit aux multiplicateurs de h, on obtiendra encore le tableau (11) : seulement, la première colonne de ce tableau, au lieu de correspondre à la première colonne du tableau (10) comme dans le cas des multiplicateurs de l, correspondra à la deuxième colonne de ce tableau. Il suit évidemment de là que les multiplicateurs de h et l dans un même terme du tableau (10) sont toujours deux nombres consécutifs d'une même ligne du tableau (2). Il est maintenant facile de démontrer le théorème suivant :

Théorème VII. — *Si l'on désigne par* Q *le* $(p+1)^{\text{ème}}$ *terme de la* $(m+1)^{\text{ème}}$ *ligne du tableau* (10), *et, comme à l'ordinaire, par* $C_{m,r}$ *le nombre de combinaisons de* m *lettres* r *à* r, *on a*

$$(1) \qquad Q = h\,C_{m-p-1,p-1} + l\,C_{m-p-1,p}.$$

En effet, si, comme il a déjà été dit, on fait remonter les colonnes du tableau (11), à partir de la deuxième colonne, de telle sorte que ce tableau devienne identique au tableau (2), la deuxième colonne remontera d'une ligne, c'est-à-dire que, les nombres de cette colonne étant supposés liés invariablement entre eux, chacun des nombres de la colonne viendra se placer dans la ligne immédiatement au dessus de celle qui le contenait d'abord ; en même temps la troisième colonne remontera de deux lignes, la quatrième de trois lignes, et la $(p+1)^{\text{ème}}$ de p lignes. Il suit évidemment de là que le $(p+1)^{\text{ème}}$ nombre de la $m^{\text{ème}}$ ligne du tableau (11) est le $(p+1)^{\text{ème}}$ de la $(m-p)^{\text{ème}}$ ligne du tableau (2), ce nombre est donc égal à $C_{m-p-1,p}$ (Pr. II). Mais le $(p+1)^{\text{ème}}$ nombre de la $m^{\text{ème}}$ ligne du tableau (11) est le coefficient de l dans le $(p+1)^{\text{ème}}$ terme de la $m^{\text{ème}}$ ligne du tableau (10); et comme le coefficient de h dans le même terme, d'après une remarque faite plus haut, est le nombre placé à la gauche du multiplicateur de l dans le tableau (2), ce coefficient est égal à $C_{m-p-1,p-1}$: le théorème est donc complétement démontré.

Théorème VIII. — *Si* $u_0, u_1, u_2 \ldots u_m$ *sont des fonctions de deux quantités* b *et* c, *telles, que les trois fonctions consécutives* u_{n-2}, u_{n-1}, u_n *soient liées entre elles par la relation*

$$(1) \qquad u_n = bu_{n-1} - cu_{n-2},$$

les deux premières fonctions étant égales à b^0 *et* b *multipliés respectivement par deux coefficients quelconques* h *et* l, *le*

$(p+1)^{ème}$ *terme* R *dans le développement de* u_m *sera donné par la formule*

$$(2) \qquad R=(-1)^p\left(hC_{m-p-1,p-1}+lC_{m-p-1,p}\right)b^{m-2p}c^p.$$

En effet, en formant d'abord, d'après la relation (1), les développements de quelques-unes des premières fonctions, on voit que ces fonctions sont des polynômes entiers dont le degré est égal à l'indice de u, et tels que, d'un terme au suivant, les exposants de b décroissent de deux unités à partir d'un exposant égal à cet indice, et les exposants de c croissent d'une unité à partir de zéro. On remarque aussi que les signes des coefficients sont alternativement $+$ et $-$.

On peut d'abord démontrer que la loi des exposants est générale.

En effet, si l'on pose

$$u_{n-2}=b^{n-2}-db^{n-4}c+eb^{n-6}c^2-fb^{n-8}c^3+\ldots,$$
$$u_{n-1}=b^{n-1}-d'b^{n-3}c+e'b^{n-5}c^2-f'b^{n-7}c^3+\ldots,$$

en appliquant la relation (1), on a

$$(3) \qquad u_n=b^n-(d'+1)b^{n-2}c+(e'+d)b^{n-4}c^2-(f'+e)b^{n-6}c^3+\ldots$$

On voit donc que la loi des exposants est vérifiée pour u_n; et, comme elle est vraie pour u_0 et u_1, elle est générale ; la loi des signes est d'ailleurs vérifiée en même temps.

La formule (3) établit aussi un mode de formation des coefficients d'une des fonctions au moyen des coefficients des deux fonctions précédentes. On voit que, si les coefficients, abstraction faite des signes, de deux fonctions consécutives sont écrits sur deux lignes, de telle sorte que les coefficients des termes de la seconde fonction soient placés au-dessous des coefficients de même rang dans la première, chaque coefficient, dans la fonction qui suit la deuxième fonction considérée, s'obtiendra en ajoutant au coefficient qui est au-dessus de lui celui qui est à la gauche du coefficient placé au-dessus de ce dernier. Le mode de formation est donc tout semblable à celui du tableau (10) : alors, si l'on suppose que u_0 et u_1 aient respectivement pour valeurs hb^0 et lb, en appliquant la formule (1) (th. VII), et ne tenant compte de l'alternance des signes, ainsi que de la loi des exposants, on obtient bien l'expression demandée.

APPLICATIONS DU THÉORÈME VIII.

PROBLÈME X. — *Trouver la somme des puissances* m *de deux nombres en fonction de la somme et du produit de ces nombres; en d'autres termes,* x′ *et* x″ *étant les racines de l'équation du second degré*

$$x^2 - bx + c = 0$$

trouver le développement de $x'^m + x''^m$ *en fonction de* b *et* c.

On a

$$x'^0 + x''^0 = 2, \qquad x' + x'' = b,$$

et, en général (*),

$$x'^m + x''^m = b\left(x'^{(m-1)} + x''^{(m-1)}\right) - c\left(x'^{(m-2)} + x''^{(m-2)}\right);$$

la fonction $x'^m + x''^m$ est donc une fonction u_m dans laquelle h et l sont respectivement égaux à 2 et 1. Alors, en donnant à h et l ces valeurs particulières dans la formule (2) (th. VIII), on a

$$\begin{aligned} R &= (-1)^p \left(2C_{m-p-1,p-1} + C_{m-p-1,p}\right) b^{m-2p} c^p \\ &= (-1)^p \frac{m(m-p-1)(m-p-2)\ldots(m-2p+1)}{1.2.3\ldots p} b^{m-2p} c^p. \end{aligned}$$

On a donc

$$\begin{aligned} x'^m + x''^m &= b^m - \frac{m}{1} b^{m-2} c + \frac{m(m-3)}{1.2} b^{m-4} c^2 + \ldots \\ &+ (-1)^p \frac{m(m-p-1)(m-p-2)\ldots(m-2p+1)}{1.2.3\ldots p} b^{m-2p} c^p + \ldots. \end{aligned}$$

PROBLÈME XI. — *Exprimer cos* ma *en fonction de la seule ligne trigonométrique cos* a.

On a

$$2\cos^0 a = 2, \qquad 2\cos a = 2\cos a,$$

$$2\cos ma = 2\cos(m-1)a \times 2\cos a - 2\cos(m-2)a;$$

(*) Voyez les *Questions d'Algèbre*, 2e édition (page 93).

La fonction $2\cos ma$ est donc une fonction u_m telle, que b, c, h, l ont respectivement pour valeurs $2\cos a$, 1, 2, 1. Alors l'expression du coefficient du terme général est la même que dans le développement de $x'^m + x''^m$, et l'on a immédiatement

$$2\cos ma = (2\cos a)^m - m(2\cos a)^{m-2} + \frac{m(m-3}{1.2}(2\cos a)^{m-4} - \cdots$$

$$+(-1)^p \frac{m(m-p-1)(m-p-2)\ldots\ldots(m-2p+1)}{1.2.3\ldots p} 2\cos a)^{m-2p}\ldots\ldots$$

Problème XII. — *Trouver le développement de* $\frac{\sin ma}{\sin a}$ *en fonction de* $\cos a$ *seulement.*

On a

$$\frac{\sin a}{\sin a} = 1, \qquad \frac{\sin 2a}{\sin a} = 2\cos a,$$

$$\frac{\sin ma}{\sin a} = \frac{\sin(m-1)a}{\sin a} \times 2\cos a - \frac{\sin(m-2)a}{\sin a};$$

la fonction $\frac{\sin ma}{\sin a}$ est donc une fonction u_{m-1} telle, que b est égal à $2\cos a$, et c, h, l sont égaux à l'unité : elle est d'ailleurs représentée par u_{m-1} parce que son rang est m. Il suit de là que, pour obtenir le terme dont le rang est $p+1$ dans le nouveau développement, on doit dans la formule (2) (th. VIII), remplacer h, l, m, b, c, respectivement, par 1, 1, $m-1$, $2\cos a$ et 1. On a donc

$$\frac{\sin ma}{\sin a} = (2\cos a)^{m-1} - \frac{m-2}{1}(2\cos a)^{m-3} + \frac{(m-3)(m-4)}{1.2}(2\cos a)^{m-5} - \cdots$$

$$+(-1)^p \frac{(m-p-1((m-p-2)\ldots(m-2p)}{1.2.3\ldots p}(2\cos a)^{m-2p-1}\ldots$$

Remarque. — En changeant a en $\frac{\pi}{2} - a$ dans les deux formules précédentes, on en déduira deux autres qui détermineront, en fonction rationnelle de $\sin a$, $\cos ma$ et $\frac{\sin ma}{\cos a}$ si m est pair, $\frac{\cos ma}{\cos a}$ et $\sin ma$ si m est impair.

NOTE V

SUR L'APPLICATION DE LA FORMULE (1) (PAGE 110) AU PROBLÈME DE LA SÉPARATION DES RACINES D'UNE ÉQUATION ALGÉBRIQUE PAR LA MÉTHODE DES DIFFÉRENCES.

Le but de cette note est de montrer comment on peut rendre plus expéditive et plus sûre l'application de la méthode des différences au problème de la séparation des racines. Nous ne nous occuperons ici que des équations algébriques, et nous prendrons d'abord pour exemple l'équation

$$x^3 + 11x^3 - 102x + 181 = 0;$$

le tableau (A)

TABLEAU (A)

x	-18	-17		-1	0	1	2	3	4	5
y	-251	180	...	293	181	91	29	1	13	71
Δ	430	352	...	-112	-90	-62	-28	12	58	110
Δ_2	-80	-74	...	22	28	34	40	46	52	58
Δ_3	6	6	...	6	6	6	6	6	6	6

qui met sous les yeux du lecteur les premiers calculs relatifs à la séparation des racines de l'équation proposée, nous permettra de rappeler brièvement la marche ordinairement suivie. On sait qu'après avoir calculé une première colonne contenant les nombres 293, — 112, 22, 6, on forme, vers la droite et vers la gauche du tableau, d'autres colonnes qui se déduisent chacune de la précédente. On arrête d'ailleurs le tableau vers la droite et vers la gauche, aux nombres 5 et — 18, à moins que la simple inspection de l'équation n'ait déjà donné des limites préférables ; 5 et — 18 sont, en effet, les limites respectives des racines positives et négatives de l'équation, puisque les colonnes correspondent à $x = 3$ et $x = 18$, contiennent, la première, des nombres tous positifs, la seconde, des nombres, alternativement positifs et négatifs.

On admet ici comme connus les deux théorèmes suivants :

Si tous les nombres d'une colonne correspondant à $x = a$ *sont positifs,* m *étant le degré de l'équation,* $a + m - 1$ *sera une limite supérieure des racines de l'équation, et si les nombres d'une colonne correspondant à* $x = b$ *sont alternativement positifs et négatifs,* b *sera une limite inférieure des racines.*

Le tableau (A) étant formé, on en déduit un autre tableau (A') correspondant à des valeurs de x équidistantes d'un dixième ; de celui-ci on en déduit un troisième, et ainsi de suite, jusqu'à ce que les racines soient entièrement séparées : telle est la méthode que l'on suit habituellement.

Une première simplification dans la méthode consiste à remplacer du côté des x positifs le calcul des colonnes par le calcul de lignes obliques comme l'indique le tableau (B).

TABLEAU (B)

x	— 1	0	1	2	3	4
y	293	181	91	29	1	13
Δ_1	—112	—90	—62	—28	12	
Δ_2	22	28	34	40		
Δ_3	6	6	6			

Une première ligne oblique formée des nombres 6, 22, — 90, 91 étant calculée à la manière ordinaire, on en déduit la ligne suivante qui contient les nombres 6, 28, — 62, 29, d'après les égalités

$$28 = 22 + 6\,; \qquad -62 = 28 - 90\,; \qquad 29 = 91 - 62\,;$$

et ainsi de suite.

Le tableau (B) étant construit, on en déduira un tableau (B′) de nouvelles lignes obliques correspondant à des valeurs de x équidistantes d'un dixième ; du tableau (B′) on déduira un tableau (B″), et ainsi toujours de même.

On voit, d'après le tableau (B) comparé au tableau (A), que l'on connaîtra maintenant le résultat de la substitution d'un nombre, 3 par exemple, par le calcul d'un moins grand nombre de différences.

Je vais maintenant faire voir que l'on sera conduit par ce calcul à une limite supérieure des racines positives de l'équation plus simple et plus avantageuse que la limite précédemment donnée. Il sera, en effet, démontré tout à l'heure, que les tableaux (B), (B′), etc., sont terminés vers la droite, dès que les nombres écrits dans une ligne oblique sont tous positifs. Ainsi, d'après cette règle, 4 est une limite supérieure des racines positives de l'équation proposée, tandis que nous avions trouvé 5 d'après l'ancienne règle : l'avantage de la nouvelle limite sera, en général, d'autant plus marqué que l'équation sera d'un degré plus élevé.

Si, par exemple, on applique l'ancienne règle à l'équation

$$x^5 - 10x^3 + 6x + 1 = 0,$$

dont Fourier s'est occupé, on trouve 8 pour limite supérieure des racines positives, tandis que notre règle conduit au nombre 4 ; il est d'ailleurs facile de voir que la nouvelle limite qui est généralement inférieure à l'autre, ne peut jamais être plus grande ; mais je n'insiste pas sur ces détails.

Le théorème qu'il s'agit de démontrer est la conséquence immédiate de la formule (1) (problème IX (page 110)) ; car, si, pour la valeur x_0, les nombres $f(x_0)$, $\Delta_{1,1,}$ $\Delta_{2,2,}$ $\ldots \Delta_{m,m,}$ c'est-à-dire les nombres d'une ligne oblique, sont tous positifs, la formule citée prouve que, pour toute valeur de x égale ou supérieure à x_0, valeur représentée, en général, par $x_0 + rh$, $f(x_0)$

restera toujours positive, x_0 est donc une limite supérieure des racines de l'équation proposée.

Il faut maintenant montrer comment les tableaux B, B′, B″, se déduisent les uns des autres. Si l'on désigne, en général par $\Delta_{p,p}$, $\Delta'_{p,p}$ les différences des lignes obliques qui correspondent respectivement aux intervalles h et h', la question proposée revient à trouver les équations qui lient entre elles les différences $\Delta_{p,p}$, $\Delta'_{p,p}$.

On sait que l'on trouve les équations entre les Δ et Δ' des colonnes en égalant les coefficients des mêmes puissances de X dans les deux développements identiques de $f(x_0+\mathrm{X})$.

$$f(x_0)+\frac{\mathrm{X}\Delta}{h}+\frac{\mathrm{X}}{h}\left(\frac{\mathrm{X}}{h}-1\right)\frac{\Delta_2}{1.2}+\frac{\mathrm{X}}{h}\left(\frac{\mathrm{X}}{h}-1\right)\left(\frac{\mathrm{X}}{h}-2\right)\frac{\Delta_2}{1.2.3}+\ldots$$

$$f(x_0)+\frac{\mathrm{X}}{h'}\Delta'+\frac{\mathrm{X}}{h'}\left(\frac{\mathrm{X}}{h'}-1\right)\frac{\Delta'_2}{1.2}+\frac{\mathrm{X}}{h'}\left(\frac{\mathrm{X}}{h'}-1\right)\left(\frac{\mathrm{X}}{h'}-2\right)\frac{\Delta'_3}{1.2.3}+\ldots$$

On aura de même les relations entre les nouveaux Δ et Δ', en remplaçant dans la nouvelle formule d'interpolation x par $x_0+\mathrm{X}$ et en égalant entre eux les coefficients des mêmes puissances de X dans les deux développements de $f(x_0+\mathrm{X})$ données par cette formule

$$f(x_0)+\frac{\mathrm{X}}{h}\Delta+\frac{\mathrm{X}}{h}\left(\frac{\mathrm{X}}{h}+1\right)\frac{\Delta_2}{1.2}+\frac{\mathrm{X}}{h}\left(\frac{\mathrm{X}}{h}+1\right)\left(\frac{\mathrm{X}}{h}+2\right)\frac{\Delta_3}{1.2.3}+\ldots$$

$$fx_0+\frac{\mathrm{X}}{h'}\Delta'+\frac{\mathrm{X}}{h'}\left(\frac{\mathrm{X}}{h'}+1\right)\frac{\Delta_2}{1.2}+\frac{\mathrm{X}}{h'}\left(\frac{\mathrm{X}}{h'}+1\right)\left(\frac{\mathrm{X}}{h'}+2\right)\frac{\Delta_3}{1.2.3}+\ldots$$

(Pour plus de simplicité dans l'écriture, on a supprimé les seconds indices dans les deux derniers développements.) Mais on remarque que les deux derniers développements diffèrent des deux précédents par le changement de X en —X et par le changement de signe des Δ et Δ' d'indice impair. On voit ainsi que les premières relations entre les Δ et Δ' donneront immédiatement les secondes par le simple changement de signe des coefficients des Δ et Δ' dont l'indice est impair ; il est dès lors permis de dire que la méthode modifiée ne conduit à aucun calcul nouveau, les nouvelles équations étant connues par cela même que les autres le sont, et réciproquement.

Jusqu'ici notre but était plutôt d'arriver à la conclusion qui vient d'être énoncée que d'indiquer un moyen simple de former les équations entre les $\Delta_{p,p}$ et les $\Delta'_{p,p}$.

Mais nous allons maintenant donner une règle pratique très-commode pour écrire immédiatement ces équations.

Supposons, pour fixer les idées, qu'il s'agisse de séparer les racines d'une équation du quatrième degré, et soit proposé, par exemple, de trouver les relations entre les $\Delta_{p,p}$ et les $\Delta'_{p,p}$. Si l'on supprime les seconds indices et que l'on représente par k le rapport $\frac{h'}{h}$, on aura

$$
(1)\qquad
\begin{aligned}
\frac{\Delta_1}{1}+\frac{\Delta'_2}{2}+\frac{\Delta'_3}{3}+\frac{\Delta'_4}{4} &= k\left(\frac{\Delta_1}{1}+\frac{\Delta_2}{2}+\frac{\Delta_3}{3}+\frac{\Delta_4}{4}\right)\\
\Delta'_2+\Delta'_3+\frac{11}{12}\Delta'_4 &= k^2\left(\Delta_2+\Delta_3+\frac{11}{12}\Delta_4\right)\\
\Delta'_3+\frac{3}{2}\Delta'_4 &= k^3\left(\Delta_3+\frac{3}{2}\Delta_4\right)\\
\Delta'_4 &= k^4\Delta_4.
\end{aligned}
$$

Le premier membre de la première équation s'obtient en divisant Δ'_1, Δ'_2, Δ'_3, Δ'_4 respectivement par leurs indices et en faisant la somme des quotients.

Pour avoir le premier membre de la seconde équation on fait une opération analogue à celle de la multiplication abrégée des nombres ; on multiplie $\frac{\Delta'_1}{1}+\frac{\Delta'_2}{2}+\frac{\Delta'_3}{3}+\frac{\Delta'_4}{4}$ par $\frac{\Delta'_3}{3}+\frac{\Delta'_2}{2}+\frac{\Delta'_1}{1}$, en commençant chaque produit partiel au terme du multiplicande qui est au-dessus du terme du multiplicateur. On ajoute d'ailleurs, les indices comme s'ils représentaient des exposants. Le calcul est indiqué ci-dessous :

$$
\begin{array}{r|r|l}
\Delta'_4+\frac{1}{2} & \Delta'_3+\frac{1}{3} & \Delta'_2\,; \\
+\frac{1}{2} & +\frac{1}{4} & \\
 & +\frac{1}{3} &
\end{array}
$$

$$\Delta'_4+\Delta'_3+\frac{11}{12}\Delta'_3.$$

Pour avoir le premier membre de la troisième équation, on multiplie, suivant la règle précédente, $\Delta'_2 + \Delta'_3 + \frac{11}{12}\Delta'_4$ par $\frac{\Delta'_2}{2} + \frac{\Delta'_1}{1}$, et ainsi de suite.

Les équations (1) montrent, d'ailleurs, comment on peut écrire immédiatement les seconds membres quand les premiers sont calculés.

Les équations entre les Δ et Δ' des colonnes s'obtiendraient par un procédé analogue ; ou, si les équations (1) étaient déjà formées, on les déduirait de ces équations par la règle que nous avons précédemment donnée.

La règle pratique que nous venons d'indiquer est la conséquence immédiate de la formule symbolique

$$(2) \qquad h^n f^n(x) = [-l(1-\Delta)]^n$$

dans laquelle $f^n(x)$ est la $n^{\text{ième}}$ dérivée d'une fonction quelconque de x, et l la lettre qui indique un logarithme népérien. Après avoir développé la $n^{\text{ième}}$ puissance du logarithme népérien de $(1-\Delta)$, et avoir remplacé les exposants par de doubles indices, on a une formule qui fait connaître les dérivées de la fonction au moyen des différences des lignes obliques. La formule (2), qui n'avait pas encore été remarquée, s'applique aux fonctions algébriques, en considérant comme nulles les différences, d'un indice supérieur au degré de la fonction. Elle est analogue à la formule de Lagrange

$$h^n f^n(x) = (l(1+\Delta))^n$$

dans laquelle les Δ sont les différences des colonnes, et elle se démontre d'une manière à peu près semblable.

On voit bien, d'ailleurs, comment les formules (1) et, en général, les formules analogues pour une équation de degré quelconque sont la conséquence de l'équation (2); car de cette équation on déduit celle-ci :

$$(3) \qquad (-l(1-\Delta'))^n = k^n(-l(1-\Delta))^n,$$

qui, étant interprêtée symboliquement comme celle dont elle dérive, donne les équations générales demandées.

REMARQUE. — La formule (2) conduit à une nouvelle démonstration du théorème *de limite* précédemment démontré, si l'on s'appuie sur le théorème de *Newton* relatif à la détermination d'une limite supérieure des racines positives d'une équation algébrique.

Ordinairement, après avoir trouvé les équations entre les Δ et les Δ', on les résout par rapport à Δ', Δ'_2 Δ'_3..., et c'est sous la nouvelle forme qu'on les applique. Or, si l'on remarque que les équations, telles qu'on les a trouvées d'abord, sont déjà préparées pour le calcul, puisque la dernière ne contient que Δ'_4, l'avant-dernière Δ'_4 et Δ'_3, et ainsi de suite, on voit que la substitution d'une forme à l'autre ne présente guère d'avantage. Mais je dis qu'il importe, au contraire, de conserver aux équations leur forme primitive.

En effet, d'après la formule (2), les seconds membres des équations générales, analogues aux équations (1), sont de même signe que les dérivées des différents ordres.

Or, d'après le théorème de Fourier, les deux successions de signes que présente la suite des fonctions $f(x)$, $f'(x)$, $f''(x)$...., pour deux nombres a et b, donnent une limite supérieure du nombre des racines de l'équation comprises entre a et b; on devra donc, pour procéder régulièrement à la séparation des racines, voir quels sont les signes des seconds membres des équations générales analogues aux équations (1); le théorème de Fourier pourra alors indiquer des intervalles où il est inutile de chercher des racines, et le calcul se trouvera abrégé de beaucoup.

Lorsque, par la considération directe de l'équation ou la discussion du problème qui y a conduit, on saura que l'équation a toutes ses racines réelles et inégales, ou que, du moins, ce qui arrive le plus souvent, on connaîtra leur nombre, on sera conduit, sûrement et de la manière la plus rapide, à la séparation des racines.

Cette note est la reproduction à peu près textuelle d'un article publié en 1854 dans les *Nouvelles Annales*.

NOTE VI

SUR LA RACINE D'INDICE QUELCONQUE D'UN NOMBRE ENTIER D'APRÈS PASCAL.

Pascal résout d'abord le problème suivant :

PROBLÈME I. — *Trouver le plus grand produit de* r *facteurs consécutifs qui soit contenu dans un nombre entier donné* A.

Voici quelle est la solution de *Pascal.* On cherche dans la $(r+1)^{\text{ème}}$ ligne du triangle arithmétique (tableau 2 (page 95)) le plus grand nombre entier qui soit contenu dans $\frac{A}{1.2\ldots r}$, puis on note le rang n de ce nombre; le nombre demandé est alors le produit de r nombres entiers consécutifs dont le plus petit est n. En effet, par hypothèse, n est le plus grand nombre entier qui satisfasse à l'inégalité

$$\frac{n(n+1)\ldots(n+r-1)}{1.2\ldots r} < \frac{A}{1.2\ldots r}.$$

Or, de cette inégalité on déduit celle-ci :

$$n(n+1)\ldots n+r-1 < A;$$

$n(n+1)\ldots(n+r-1)$ est donc le produit demandé.

Cela posé, *Pascal* énonce sans démonstration deux théorèmes que nous allons successivement démontrer en nous appuyant sur ce théorème bien connu : *La moyenne arithmétique de* m *nombres est plus grande que la racine* $m^{\text{ème}}$ *de leur produit* (*).

(*) Voyez les *Questions d'Algèbre* (page 314).

THÉORÈME I. — *Pour obtenir une limite inférieure de la racine* r[ème] *d'un nombre donné* A, *déterminez le nombre* n *d'après le problème I, diminuez ce nombre de l'unité et ajoutez à la différence la racine* r[ème], *par défaut et à moins d'une unité, du produit des* r *premiers nombres entiers* (*).

Le théorème sera évidemment démontré, si l'on fait voir que l'on a toujours

$$n-1+\sqrt[r]{1\,.\,2\,.\,.\,.\,r}<\sqrt[r]{n(n+1)\,.\,.\,.\,(n+r-1)},$$

ou en changeant n en $n+1$ et élevant les deux nombres à la puissance r

$$(1)\qquad \left(n+\sqrt[r]{1\,.\,2\,.\,.\,.\,r}\right)^r<(n+1)(n+2)\,.\,.\,.\,(n+r).$$

Si maintenant on désigne respectivement, par b, $C_{r,p}$, $\Sigma_{r,p}$, la quantité $\sqrt[r]{1\,.\,2\,.\,.\,.\,r}$, le nombre des combinaisons de r lettres p à p et la somme des produits p à p des r premiers nombres entiers, l'équation (2) pourra s'écrire, après le développement des calculs indiqués :

$$n^r+rbn^{r-1}+\ldots C_{r,p}b^pn^{r-p}+\ldots<n^r+\frac{r(r+1)}{1\,.\,2}n^{r-1}+\ldots\Sigma_{r,p}n^{r-p}+\ldots;$$

et tout revient à prouver que l'on a toujours

$$(2)\qquad \frac{\Sigma_{r,p}}{C_{r,p}}>b^p.$$

Or le produit des termes de $\Sigma_{r,p}$ contient un nombre de facteurs égal à $C_{r,p}$ et chacun des r nombres $1, 2, \ldots r$ y entre un même nombre de fois comme facteur ; donc chacun de ces derniers nombres y sera élevé à une puissance égale à $\frac{p\,C_{r,p}}{r}$, et en désignant par Q le produit, on aura

$$Q=(1\,.\,2\,.\,.\,.\,r)^{\frac{p\,C_{r,p}}{r}}$$

(*) Pour l'application du théorème, on suppose que l'on ait dressé d'avance un tableau qui contienne les valeurs de $\sqrt[r]{1\,.\,2\,.\,3\,.\,.\,.\,r}$, à moins d'une unité près, correspondant aux valeurs de r : 2, 3, 4...

ou

$$(3) \qquad \sqrt[C_{r,p}]{Q} = (\sqrt[r]{1 \cdot 2 \ldots r})^p = b^p.$$

Mais, comme $\frac{\Sigma_{r,p}}{C_{r,p}}$ est la moyenne arithmétique des termes de $\Sigma_{r,p}$, on aura, en vertu du théorème cité en commençant,

$$\frac{\Sigma_{r,p}}{C_{r,p}} > \sqrt[C_{r,p}]{Q},$$

ou, d'après l'équation (3),

$$\frac{\Sigma_{r,p}}{C_{r,p}} > b^p;$$

c'est ce qu'il fallait démontrer.

THÉORÈME II. — *On aura une limite supérieure de la racine* r^{ème} *d'un nombre entier* A *ou la racine* r^{ème} *de ce nombre à moins d'une unité par défaut, en ajoutant au nombre* n *calculé, comme il a été dit dans l'énoncé du problème I, le plus grand nombre entier contenu dans* $\frac{r+1}{2}$.

En effet, on a d'abord

$$n + \frac{r+1}{2} > \sqrt[r]{(n+1)(n+2)\ldots(n+r)};$$

car le premier membre de l'inégalité est la moyenne arithmétique des r facteurs $n+1, n+2 \ldots (n+r)$. Or, par hypothèse, $n(n+1)\ldots(n+r-1)$ étant le plus grand produit de r nombres entiers consécutifs qui soit contenu dans A, on a

$$\sqrt[r]{(n+1)(n+2)\ldots(n+r)} > \sqrt[r]{A}$$

et, à plus forte raison, $n + \frac{r+1}{2}$ est supérieur à $\sqrt[r]{A}$.

REMARQUE. — Quand le nombre $\frac{r+1}{2}$ n'est pas entier, si on le remplace par le plus grand nombre entier p qui y est contenu, il peut arriver que le nombre $n+p$ soit égal à la racine

$r^{\text{ème}}$ de A à moins d'une unité près par défaut. Ainsi dans l'exemple que prend *Pascal* : extraire la racine quatrième de 4335, après avoir trouvé, d'après le problème I, le nombre 6 pour valeur de n, si l'on ajoute à 6 le plus grand nombre entier contenu dans $\frac{5}{2}$, c'est-à-dire 2, on obtient le nombre 8 dont la quatrième puissance 4096 est inférieure à 4335 tandis que la quatrième puissance de $6+\frac{5}{2}$ est égale au nombre $5220+\frac{1}{6}$ qui est supérieur à 4335.

Si l'on voulait toujours avoir une limite supérieure de la racine demandée, il suffirait évidemment, dans le cas où $r+1$ est impair, de prendre, pour racine, le nombre entier $\frac{r+2}{2}$.

NOTE VII

SUR LA SOLUTION, D'APRÈS PASCAL, DE CE PROBLÈME :

DÉCRIRE UN CERCLE TANGENT A DEUX CERCLES DONNÉS ET COUPANT UNE DROITE DONNÉE SOUS UN ANGLE CONNU, OU UNE SPHÈRE TANGENTE A TROIS SPHÈRES DONNÉES ET COUPANT UN PLAN DONNÉ SOUS UN ANGLE CONNU.

Pascal n'a laissé aucune indication sur la solution qu'il avait trouvée des problèmes du cercle tangent à trois cercles donnés et de la sphère tangente à quatre sphères données, mais, à la fin de sa première lettre à *Fermat* sur le calcul des probabilités, il écrit ce qui suit : « J'ai résolu ce problème : de quatre « plans, quatre points et quatre sphères, quatre quelconques « étant donnés, trouver une sphère qui, touchant les sphères « données, passe par les points donnés et laisse sur les plans « des portions de sphères capables d'angles donnés ; et celui-« ci : de trois cercles, trois points, trois lignes, trois quel-« conques étant donnés, trouver un cercle qui, touchant les « cercles et les points, laisse sur la ligne un arc capable d'angle « donné. J'ai résolu ces problèmes pleinement, n'employant « dans la construction que des cercles et des lignes droites ; « mais dans la démonstration je me sers des lieux solides, de « paraboles ou hyperboles. Je prétends néanmoins qu'attendu « que ma construction est plane, ma solution est plane et « doit passer pour telle. »

Il s'agit de retrouver la solution de Pascal. Je résoudrai seulement ici les deux problèmes les plus difficiles.

PROBLÈME I. — *Décrire un cercle tangent à deux cercles donnés et coupant une droite donnée sous un angle connu.*

Soient (fig. 1) O, O′, IB les cercles et la droite donnés, et C le cercle demandé qui touche les cercles O, O′ en A, A′ et qui coupe la droite IB au point D : on mène les droites CO, CO′ et CF perpendiculaire sur IB ; puis on prolonge CD d'une longueur DE égale à OA, et par le point E on mène LM, parallèle à IB jusqu'à la rencontre en G de CF prolongée. L'angle CDF étant connu, par hypothèse, la direction de la droite DE est donnée ; et comme il en est de même de sa longueur, la droite LM est connue de position.

Cela posé, les triangles semblables CDF, CGE donnent la proportion

$$\frac{CE}{CG}=\frac{CD}{CF} \quad \text{ou} \quad \frac{CO}{CG}=\frac{CD}{CF}.$$

Or, comme l'angle CDF est connu, le rapport de CD à CF est aussi connu, et, par suite, celui de CO à CG. On voit donc que le centre C se trouve sur une hyperbole connue ayant, pour l'un de ses foyers, le point O et, pour directrice correspondante, la droite LM. On pourra, par conséquent, déterminer le second foyer O″ et l'axe transverse $2a$. Alors, si l'on tire la droite CO″ qui coupe au point P le cercle demandé C, la distance PO″, qui est égale à la somme du rayon OA et de la différence connue $2a$ entre CO″ et CO, est elle-même connue, et, par suite, le point P appartient à une circonférence déterminée qui a pour centre O″ et pour rayon PO″. Par conséquent, le problème proposé est ramené au problème du cercle tangent à trois cercles donnés (*).

Problème II. — *Décrire une sphère tangente à trois sphères données et coupant un plan donné sous un angle connu.*

Par des considérations semblables à celles qui précèdent, on est conduit à considérer un hyperboloïde de révolution, et l'on est ramené à ce problème : *décrire une sphère tangente à quatre sphères données.*

(*) La solution précédente est due à l'un de mes élèves M. *Bergson*. On trouve une autre solution, plus directe, dans les *Questions de Géométrie* (page 353).

NOTE VIII

SUR LA LONGUEUR D'UN ARC DE CYCLOÏDE QUELCONQUE ET LA QUADRATUDE DE LA CYCLOÏDE ORDINAIRE.

La première question est traitée d'après les indications de *Pascal*.

LEMME I. — *Des extrémités* C *et* D *d'un arc de cercle* CD (*fig.* 2) *on abaisse des perpendiculaires* CH, DL *sur un rayon quelconque* OA, *puis on mène la tangente* CE *au point* C *que l'on prolonge jusqu'à sa rencontre en* E *avec* DL*: le rapport de* CE *à l'arc* CD *a pour limite l'unité lorsque* CD *décroît indéfiniment jusqu'à zéro.*

En effet, si l'on tire le rayon OC et que l'on abaisse CF perpendiculaire sur DL, on a deux triangles semblables OCH, ECF qui donnent

$$\frac{\mathrm{CE}}{\mathrm{CF}}=\frac{\mathrm{OC}}{\mathrm{CH}},\quad \text{ou} \quad (1)\quad \frac{\mathrm{CE}}{\text{arc CD}}\times\frac{\text{arc CD}}{\mathrm{CF}}=\frac{\mathrm{OC}}{\mathrm{CH}}.$$

Tirons maintenant la corde CD, et concevons un triangle rectangle, semblable au triangle DCF et ayant OC pour hypoténuse. Si l'on suppose que le point D se rapproche indéfiniment du point C jusqu'à entière coïncidence avec ce point, l'angle DCF aura pour limite ECF et le triangle variable, qui est semblable au triangle DCF, deviendra, à la limite, le triangle OCH : on a donc

$$\lim.\frac{\mathrm{CD}}{\mathrm{CF}}=\frac{\mathrm{OC}}{\mathrm{CH}},\quad \text{ou}\quad (2)\quad \lim.\frac{\text{corde CD}}{\text{arc CD}}\times\lim.\frac{\text{arc CD}}{\mathrm{CF}}=\frac{\mathrm{OC}}{\mathrm{CH}}.$$

Mais des équations (1) et (2) on déduit

$$(3)\qquad \lim.\frac{CE}{\text{arc } CD}=\lim.\frac{\text{corde } CD}{\text{arc } CD};$$

et comme le second membre de l'équation (3) est l'unité, il en est de même du premier membre : c'est ce qu'il fallait démontrer.

LEMME II. — BC *étant un arc quelconque du quadrant* AB (*fig.* 2), *on le divise en parties égales, puis, de tous les points de division, on abaisse des perpendiculaires sur le rayon* OA *et on multiplie toutes les perpendiculaires par la fraction de l'arc* BC *obtenue en divisant cet arc en parties égales : la somme des produits ainsi calculés a, pour limite, le produit du rayon par la projection* OH *de l'arc* BC *sur le rayon* OA, *lorsque le nombre des divisions de cet arc devient plus grand que tout nombre donné.*

Soit CD l'un des arcs égaux : le produit qui lui correspond sera arc $CD \times CH$. Mais, comme le rapport $\frac{CE}{\text{arc } CD}$ a, pour limite, l'unité d'après le lemme I, dans l'évaluation de la limite de la somme en question, on peut remplacer l'arc CD par CE.

Cela posé, les deux triangles semblables ECF, OCH donnent

$$CE \times CH = CF \times OC = LH \times OC,$$

d'où

$$\Sigma\,(\text{arc } CD \times CH) = \Sigma(CE \times CH) = OC \times \Sigma LH = OC \times OH;$$

c'est ce qu'il fallait démontrer.

Corollaire. — Lorsque l'arc divisé en parties égales est le quadrant lui-même, la limite de la somme est égale au carré du rayon.

LEMME III. — *Soient* (*fig.* 3) *deux demi-cercles* OA *et* CA *tangents intérieurement, l'un à l'autre, au point* A, *et tels, que le rayon du premier cercle soit double de celui du second. On tire un rayon* OD *du plus grand cercle qui coupe l'autre au point* E, *puis on mène la corde* AE, *le rayon* OG *perpendiculaire à* OA *et* DF *perpendiculaire sur* OG *: les deux droites*

AE, OE *sont respectivement égales à* OF, DF, *et les deux arcs* AD, AE *sont égaux.*

La première partie du lemme est évidente par l'égalité des triangles AOE, DOF. Quant à la seconde partie, elle se démontre immédiatement en remarquant que, l'angle ECA, étant double de l'angle EOA, doit avoir une mesure double. On a alors

$$\frac{\text{arc AE}}{\text{AC}} = 2 \times \frac{\text{arc AD}}{2\text{AC}},$$

ou

$$\text{arc AE} = \text{arc AD}.$$

Lemme IV. — *Un arc de cycloïde étant compté à partir du sommet de la courbe comme origine, si l'on mène, par son extrémité, une parallèle à la base, le segment de cette parallèle, compris entre la cycloïde et le cercle générateur qui a l'axe pour diamètre, sera égal à l'arc correspondant de ce cercle.*

Soient (fig. 4) AC une demi-cycloïde, AB sa demi-base, BC son axe, CEB le demi-cercle décrit sur BC comme diamètre, EH une parallèle à la base, qui rencontre la cycloïde et le cercle en H et E : il faut démontrer que le segment EH et l'arc de cercle CE sont égaux.

En effet, considérons le cercle générateur lorsqu'il passe par le point H et qu'il touche en V la base de la cycloïde. Si l'on tire HV et BE, il est évident que ces droites sont parallèles et égales, et que, par suite, EH et BV sont égales. Comme, d'ailleurs, d'après la génération de la cycloïde, la distance AV est égale à l'arc de cercle HV, et que la longueur de la demi-base AB est égale à la demi-circonférence du cercle générateur, on en conclut que BV ou son égale EH est égale à l'arc de cercle CE.

Théorème I. — *Dans la figure* (4) *décrite, comme il a été dit dans le lemme IV, l'arc* CH *de la cycloïde, compté à partir de son sommet* C, *est double de la corde de l'arc de cercle* CE *(Wren).*

En effet, divisons l'arc CE en un nombre de parties égales aussi grand que l'on veut aux points E′, E″...., par ces points menons des parallèles à la base E′H′, E″H″..., puis marquons les points K, K′, K″... où les droites EH, E′H′, E″H″... sont coupées par le cercle générateur passant successivement par les points H′ H″.... On voit d'abord aisément que les deux segments EK, E′H′ sont égaux, et on en déduit l'égalité

$$(1)\qquad HK = EH - E'H'.$$

Mais, comme on a (Lemme IV)

$$EH = \text{arc } CE, \quad E'H' = \text{arc } C'E',$$

on a aussi

$$EH - E'H' = \text{arc } CE - \text{arc } C'E' = \text{arc } EE' = \text{arc } KH';$$

et, par suite, à cause de l'égalité (1), il vient

$$(2)\qquad HK = \text{arc } KH'.$$

Le triangle infinitésimal HKH′, que nous considérons comme rectiligne, est donc isocèle, et il en est évidemment de même de tous les autres triangles analogues.

Cela posé, je dis que, si l'on tire la corde BE du cercle OB et le rayon OE, on obtient un triangle OBE semblable au triangle HKH′. En effet, l'angle HKH′ est égal à l'angle HEE′, et celui-ci est lui-même égal à l'angle BOE comme ayant ses côtés respectivement perpendiculaires à ceux de cet angle. Alors les deux triangles isocèles HKH′, EOB ont un angle au sommet égal, et cela suffit pour qu'ils soient semblables. On a donc

$$HH' \times OB = KH' \times BE = EE' \times BE.$$

Comme, d'ailleurs, chacun des triangles analogues à HKH′ est semblable à son correspondant dans le cercle, on a une suite d'égalités pareilles à la précédente, et si on les ajoute, membre à membre, il vient

$$(1)\qquad OB \times \Sigma HH' = \Sigma(EE' \times BE).$$

Maintenant, pour évaluer la dernière somme, prolongeons BC d'une longueur égale BQ, décrivons sur CQ comme diamètre une demi-circonférence, et prolongeons les droites BE, BE′, BE″... du premier cercle jusqu'à leur rencontre avec la circonférence du second aux points M, M′, M″... L'arc CM sera d'ailleurs divisé en parties égales par les points M′, M″... (lemme III), et si l'on abaisse ML, M′L′, M″L″... sur AB, d'après le lemme III, les droites ML, M′L′, M″L″... seront égales à BE, B′E′, B″E″ ... et les segments BL, BL′, BL″ ... seront égaux aux cordes CE, CE′, CE″ ... On a donc

$$(2) \qquad \Sigma(EE' \times BE) = \Sigma(EE' \times ML),$$

ou, comme les arcs MM′, EE′ sont égaux (lemme III),

$$(3) \qquad \Sigma(EE' \times BE) = \Sigma(MM' \times ML).$$

Or la dernière somme est égale à $2OB \times BL$ (lemme I) ; on a donc, d'après les équations (1), (2) et (3)

$$\Sigma HH' = 2BL,$$

ou encore (lemme III)

$$\text{arc } CH = \Sigma HH' = 2CE\,;$$

c'est ce qu'il fallait démontrer.

Corollaire. — La circonférence entière de la cycloïde est égale à quatre fois le diamètre du cercle générateur.

Définition. — Si l'on suppose que le cercle générateur d'une cycloïde, en même temps qu'il roule sur la base AB, glisse sur cette droite, de telle sorte que l'arc compris depuis le point de contact V jusqu'à un point déterminé M, pris arbitrairement sur le cercle, ait un rapport constant avec la distance du point V au point A position initiale du point M sur la base, la cycloïde est dite *raccourcie* ou *allongée* suivant que le rapport est plus grand ou plus petit que l'unité.

Une démonstration semblable à celle du lemme IV fait voir qu'alors les longueurs arc CE et EH, au lieu d'être égales, sont entre elles comme la circonférence du cercle générateur est à la base de la cycloïde.

Théorème II. — *Étant donnée (fig. 4) une cycloïde* allongée *ou* raccourcie, *sur son axe* BC *ou sur son prolongement on prend un point* P *tel que l'on ait*

$$(1) \qquad AB = \pi \times OP,$$

et, CH *étant l'arc de cycloïde que l'on veut évaluer, on mène* HE *parallèle à la base* AB ; *puis on divise l'arc de cercle* CE *en autant de parties égales que l'on veut aux points* E′, E″ ..., *et on tire les droites* PE, PE′, PE″ ... : *le produit de la longueur de l'arc* CH *par le rayon* OB *du cercle générateur est égal à la limite de la somme que l'on obtient en multipliant les droites* PE, PE′, PE″ ... *par la longueur de la division* EE′ *lorsque cette dernière longueur diminue indéfiniment jusqu'à zéro.*

En effet, si l'on construit les triangles infinitésimaux HKH′, H′K′H″ ..., on voit d'abord, par une démonstration toute semblable à celle du théorème I, que l'on a

$$\frac{\mathrm{KH}}{\mathrm{KH'}} = \frac{\mathrm{AB}}{\pi\mathrm{OB}};$$

et comme l'équation (1) donne

$$\frac{\mathrm{OP}}{\mathrm{OB}} = \frac{\mathrm{AB}}{\pi\mathrm{OB}},$$

on a

$$\frac{\mathrm{KH}}{\mathrm{KH'}} = \frac{\mathrm{OP}}{\mathrm{OB}}.$$

D'ailleurs les angles HKH′, POE sont égaux : donc, si l'on tire la droite PE, on aura un triangle POE semblable au triangle HKH′, et, par suite, il viendra

$$\text{arc HH}' \times \mathrm{OB} = \mathrm{KH'} \times \mathrm{PE} = \mathrm{EE'} \times \mathrm{PE}.$$

Les triangles analogues donneront une égalité pareille à la précédente, et en ajoutant les égalités, membre à membre, on aura

$$\mathrm{OB} \times \lim . \Sigma \,\text{arc HH}' = \lim . \Sigma(\mathrm{EE'} \times \mathrm{PE})$$

ou

$$\mathrm{OB} \times \text{arc CH} = \lim . \Sigma(\mathrm{EE'} \times \mathrm{PE});$$

c'est ce qu'il fallait démontrer.

Théorème III. — *Un arc de cycloïde allongée ou raccourcie est égal à un arc d'ellipse.*

D'après le théorème précédent, la question de déterminer la longueur de l'arc de cycloïde CH se trouve ramenée à évaluer lim . Σ(EE′×PE). A cet effet, dans un plan perpendiculaire au plan du cercle générateur OB, mené par BC, construisons (fig. 5) un triangle CDF dont l'hypoténuse CF et le côté DF soient respectivement égaux à PC et PB, et déterminons un cylindre dont la base soit le cercle OB et dont l'une des génératrices soit la droite CF en grandeur et en direction ; tirons ensuite la droite CE, des points D, P abaissons sur cette droite les perpendiculaires DN, PI, et joignons le point N au point F par la droite FN qui sera perpendiculaire à CE en vertu du théorème des trois perpendiculaires.

On a d'abord par le triangle CDF

$$\overline{CD}^2 = \overline{PC}^2 - \overline{PB}^2, \tag{1}$$

et, si l'on remplace dans cette égalité CD, PC, PB par les longueurs CN, CI, EI qui leur sont proportionnelles, il vient

$$\overline{CN}^2 = \overline{CI}^2 - \overline{EI}^2. \tag{2}$$

Or le triangle rectangle CNF donne

$$\overline{CN}^2 = \overline{CF}^2 - \overline{NF}^2 = \overline{PC}^2 - \overline{NF}^2 ; \tag{3}$$

donc en égalant les valeurs de $\overline{CN}^2$ données par les équations (2) et (3), on a

$$\overline{CI}^2 - \overline{EI}^2 = \overline{PC}^2 - \overline{NF}^2. \tag{4}$$

Mais les deux points I et P, étant sur une même perpendiculaire à CE, sont tels, que les différences des carrés de leurs distances aux points C et E sont égales : on a donc

$$\overline{CI}^2 - \overline{EI}^2 = \overline{PC}^2 - \overline{PE}^2 ; \tag{5}$$

et des égalités (4) et (5) on déduit

$$PE = NF. \tag{6}$$

Cela posé, tirons le rayon OG perpendiculaire à la corde CE, et par le point G menons la tangente au cercle et la génératrice GS du cylindre que nous avons construit. Alors, si, du point S extrémité de la génératrice GS, on abaisse une perpendiculaire ST sur la tangente en G, on obtiendra un triangle SGT qui sera égal au triangle CNF puisque les angles NCF, SGT sont égaux comme ayant leurs côtés parallèles et dirigés dans le même sens ; et on aura, par suite,

$$ST = NF, \tag{7}$$

ou, à cause de l'égalité (6),

$$ST = PE. \tag{8}$$

Supposons maintenant que, du centre O, on abaisse les perpendiculaires OG', OG''... sur CE', CE''..., les arcs GG', G'G''... seront tous égaux à la moitié de l'arc EE'; et, si, par les points G, G', G''..., on mène les génératrices du cylindre, on décomposera la partie de surface cylindrique correspondant à l'arc CG en parallélogrammes infinitésimaux qui auront pour bases les arcs GG', G'G''... et dont les hauteurs, à cause de l'égalité (8) seront respectivement égales à PE, PE'... Si donc on désigne par l la longueur de l'arc CH de la cycloïde et par S la partie de la surface cylindrique correspondant à l'arc CG, on aura

$$OB \times l = \Sigma(EE' \times PE) = 2\Sigma(GG' \times ST) = 2S,$$

d'où

$$l = \frac{2S}{OB}. \tag{9}$$

Mais si l'on mène la section droite du cylindre qui est une ellipse, chaque parallélogramme a aussi pour mesure le produit de la longueur CF ou PC de la génératrice par les arcs d'ellipse compris entre les génératrices infiniment voisines GS, G'S', G''S''. Donc, en désignant par λ la longueur de l'arc d'ellipse comprise entre les génératrices des points C et G et par λ' l'arc correspondant d'une certaine ellipse semblable, on aura

$$S = PC \times \lambda, \tag{10}$$

et, à cause de l'équation (9), il viendra

$$l = \frac{2PC}{OB} \times \lambda = \lambda'.$$

Détermination des axes de la première ellipse. — Supposons que l'ellipse soit obtenue en menant par le point B un plan perpendiculaire aux génératrices du cylindre. Comme l'ellipse est la projection du cercle de base, on sait que son grand axe est égal au diamètre BC de ce cercle. Quant au petit axe, on l'obtient représenté en grandeur et en direction par la perpendiculaire BR sur CF, puisque le plan, mené perpendiculairement à la base du cylindre par la droite BC, est un plan de symétrie de la figure. Mais les triangles semblables CBR, CDF donnent

$$BR = \frac{BC \times DF}{FC} = \frac{BC \times PB}{PC},$$

ou, en désignant respectivement par r, $2b$ et d le rayon du cercle générateur, le petit axe de l'ellipse et la distance PO,

$$b = \frac{r(d-r)}{d+r}. \tag{11}$$

On a supposé que la cycloïde était allongée ; dans le cas contraire, on aurait

$$b = \frac{r(r-d)}{r+d}. \tag{12}$$

Corollaire. — Les axes de la seconde ellipse sont égaux à 4PC et 4PB.

Remarque. — Si la cycloïde était la cycloïde ordinaire, la distance PB serait nulle, c'est-à-dire que l'ellipse se réduirait à son grand axe. On retrouve donc, comme cas particulier, le théorème de *Wren*.

La démonstration qui précède est une simplification de celle qui a été donnée par *Pascal*.

Bien que *Pascal*, dans ses travaux sur la cycloïde, ait supposé connu le théorème de *Roberval* relatif à la quadrature de la cycloïde, il n'est peut-être pas inutile de donner ici une démonstration très simple de ce théorème.

Théorème IV. — *L'aire de la cycloïde ordinaire est triple de celle du cercle générateur.* (*Roberval.*)

Supposons, plus généralement, qu'on demande d'évaluer l'aire de la cycloïde comprise entre deux perpendiculaires menées à la même distance du centre O du cercle générateur, par exemple, entre les droites ED, E'D' (fig. 6). Divisons alors la distance EE' en un nombre pair $2n$ de parties égales dont nous représenterons la longueur commune par h ; puis, par les points de division menons des parallèles à la base, et, par les points de rencontre de chaque droite avec la cycloïde et le cercle OB, abaissons des perpendiculaires sur celle qui la suit ou la précède, nous décomposerons ainsi, en rectangles infinitésimaux, la surface comprise entre le demi-cercle OB, la demi-cycloïde et les deux parallèles extrêmes ED, E'D'. Mais, si nous prenons, deux à deux, les rectangles qui correspondent à des points de l'axe équidistants du centre, comme IHKL, I'H'K'L', en observant que d'après le lemme IV, les longueurs IH, I'H' sont respectivement égales aux arcs CH, CH', on voit que la somme des deux rectangles est égale à la somme de ces arcs multipliée par l'une des divisions h de EE'; et comme la somme des arcs CH, CH' est égale à la demi-circonférence πr du cercle générateur, on a

$$\text{aire IHKL} + \text{aire I'H'K'L'} = \pi r h.$$

Or, une égalité analogue à la précédente ayant lieu pour chaque groupe de deux rectangles associés comme il a été dit, on voit que la somme totale des rectangles est égale à $n\pi r h$. Si donc on désigne par S l'aire demandée, on aura

$$2S = \pi r \times 2nh$$

ou

$$2S = \pi r \times EE'.$$

Si maintenant on suppose que la longueur EE' devienne égale au diamètre $2r$ du cercle générateur, on a

$$S = \pi r^2;$$

d'où il résulte que l'aire de la cycloïde tout entière est égale à $3\pi r^2$.

NOTE IX

SUR LA RÉSOLUTION PAR LA TRIGONOMÉTRIE DES PROBLÈMES RELATIFS A LA CYCLOIDE PROPOSÉS PAR PASCAL.

Le but principal de cette note est de justifier cette assertion de l'*Étude : les problèmes de Pascal pouvaient être résolus, d'une manière uniforme, à l'aide de la Trigonométrie*. D'ailleurs les nouvelles solutions feront mieux ressortir l'originalité des travaux de *Pascal* sur la cycloïde.

Nota. — Dans les problèmes sur la cycloïde, on prendra toujours, pour unité, le rayon du cercle générateur de la cycloïde dans tout le cours des calculs, et on rétablira le rayon, seulement dans les formules. — On admettra, comme connues, les formules (*)

$$(1)\quad S = \frac{\sin\left(x+(n-1)\frac{h}{2}\right)\sin\frac{nh}{2}}{\sin\frac{h}{2}},\qquad (2)\quad S' = \frac{\cos\left(x+(n-1)\frac{x}{2}\right)\sin\frac{nh}{2}}{\sin\frac{h}{2}},$$

dans lesquelles S et S′ représentent respectivement la somme des sinus et celle des cosinus de n arcs en progression arithmétique : $x, x+h, x+2h..., x+(n-1)h$. On supposera aussi que l'on sache remplacer par une somme de sinus et de cosinus un produit de facteurs qui sont les uns, des sinus, les autres, des cosinus, ou tous, à la fois, des sinus ou des cosinus (**).

(*) Voyez les *Questions de Trigonométrie* (page 89).
(**) Idem (page 35).

Je vais d'abord donner les solutions de quelques problèmes de Trigonométrie dont on aura à faire usage.

PROBLÈME I. — *Trouver la somme triangulaire des sinus ou des cosinus de* n *arcs en progression arithmétique.*

Soient S_1 et S'_1 les deux sommes demandées. On a d'abord

$$S_1 = \sin x + 2\sin(x+h) + 3\sin(x+2h) + \ldots n\sin(x+(n-1)h),$$

et en appliquant la formule (1), on a les n équations suivantes:

$$\sin x + \sin(x+h) + \sin(x+2h) + \ldots + \sin(x+(n-1)h) = \frac{\sin\left(x+(n-1)\frac{h}{2}\right)\sin\frac{nh}{2}}{\sin\frac{h}{2}}$$

$$\sin(x+h) + \sin(x+2h) + \ldots + \sin(x+(n-1)h) = \frac{\sin\left(x+\frac{nh}{2}\right)\sin(n-1)\frac{h}{2}}{\sin\frac{h}{2}}$$

$$\sin(x+2h) + \ldots + \sin(x+(n-1)h) = \frac{\sin\left(x+(n+1)\frac{h}{2}\right)\sin(n-1)\frac{h}{2}}{\sin\frac{h}{2}}$$

$$\sin(x+(n-1)h) = \frac{\sin\left(x+2(n-1)\frac{h}{2}\right)\sin\frac{h}{2}}{\sin\frac{h}{2}}.$$

Alors, si l'on ajoute, membre à membre, les équations précédentes, et que l'on remplace chaque produit de sinus par une demi-différence de cosinus, on a

$$S_1 = \frac{\cos\left(x-\frac{h}{2}\right)+\cos\left(x+\frac{h}{2}\right)+\cos\left(x+\frac{3h}{2}\right)+\ldots\cos(2n-3)\frac{h}{2} - n\cos\left(x+(2n-1)\frac{h}{2}\right)}{2\sin\frac{h}{2}};$$

et, si l'on applique la formule (2), il vient

$$(3) \qquad S_1 = \frac{\cos\left(x+(n-2)\frac{h}{2}\right)\sin\frac{nh}{2}}{2\sin^2\frac{h}{2}} - \frac{n\cos\left(x+(2n-1)\frac{h}{2}\right)}{2\sin\frac{h}{2}}.$$

On obtient ensuite la formule qui donne S'_1 en changeant dans le second membre de la formule (3) x en $\frac{\pi}{2} - x$ et h en $-h$: on a ainsi

$$(4) \quad S'_1 = -\frac{\sin\left(x + (n-2)\frac{h}{2}\right)\sin\frac{nh}{2}}{2\sin^2\frac{h}{2}} + \frac{n\sin\left(x + (2n-1)\frac{h}{2}\right)}{2\sin\frac{h}{2}}.$$

REMARQUE. — On peut regarder, comme résolu, le problème plus général d'évaluer la somme des produits que l'on obtient en multipliant, terme à terme, les sinus ou cosinus d'arcs en progression arithmétique et les termes d'une progression arithmétique. En effet, si l'on a à sommer la progression

$$b\sin x + (b+r)\sin(x+h) + \ldots (b+(n-1)r)\sin(x+(n-1)h),$$

cette somme est évidemment égale à

$$bS + r(\sin(x+h) + 2\sin(x+2h) + \ldots n\sin(x+(n-1)h),$$

et la dernière somme entre parenthèses se déduit de la formule (3) en y changeant x en $x+h$ et n en $n-1$.

PROBLÈME II. — *Trouver la somme des produits que l'on obtient en multipliant les sinus et cosinus de* n *arcs en progression arithmétique, respectivement, par les carrés des* n *premiers nombres entiers.*

On désigne les deux sommes demandées par S_2 et S'_2. On a d'abord

$$S_2 = \sin x + 2^2\sin(x+h) + 3^2\sin(x+2h) + \ldots n^2\sin(x+(n-1)h),$$

et, si l'on multiplie par $2\sin\frac{h}{2}$ les deux membres de l'équation précédente, puis, que l'on remplace chaque double produit de sinus par une différence de cosinus, il vient

$$\begin{aligned}2S_2\sin\frac{h}{2} &= \cos\left(x-\frac{h}{2}\right) - \cos\left(x+\frac{h}{2}\right) + 2^2\left(\cos\left(x+\frac{h}{2}\right) - \cos\left(x+3\frac{h}{2}\right)\right. \\ &\quad + 3^3\left(\cos\left(x+\frac{3h}{2}\right) - \cos\left(x+\frac{5h}{2}\right)\right) + \ldots \\ &\quad + n^2\left(\cos\left(x+(2n-3)\frac{h}{2}\right) - \cos\left(x+(2n-1)\frac{h}{2}\right)\right) \\ &= \cos\left(x-\frac{h}{2}\right) + 3\cos\left(x+\frac{h}{2}\right) + 5\cos\left(x+\frac{3h}{2}\right) + \ldots \\ &\quad (2n-1)\cos\left(x+(2n-3)\frac{h}{2}\right) - n^2\cos\left(x+(2n-1)\frac{h}{2}\right).\end{aligned}$$

Appliquant maintenant la remarque du problème II, on a

$$2\,S_2 \sin\frac{h}{2} = \cos\left(x-\frac{h}{2}\right)+\cos\left(x+\frac{h}{2}\right)+\ldots+\cos\left(x+(2n-3)\frac{h}{2}\right)$$
$$+2\left[\cos\left(x+\frac{h}{2}\right)+2\cos\left(x+3\frac{h}{2}\right)+\ldots+(n-1)\cos\left(x+(2n-3)\frac{h}{2}\right)\right]$$
$$-n^2\cos\left(x+(2n-1)\frac{h}{2}\right).$$

et, en sommant les deux suites précédentes à l'aide des deux formules (2) et (4), après avoir remplacé le produit d'un sinus par un cosinus par une demi-différence de sinus, et avoir divisé les deux membres de l'équation obtenue par $2 \sin\frac{h}{2}$, on a finalement

$$(5)\quad S_2 = -\frac{\sin\left(x+(n-2)\frac{h}{2}\right)\sin(n-1)\frac{h}{2}}{2\sin^3\frac{h}{2}} + \frac{(2n+1)\sin(x+(n-1)h)-\sin(x-h)}{4\sin^2\frac{h}{2}}$$
$$-\frac{n^2\cos\left(x+(2n-1)\frac{h}{2}\right)}{2\sin\frac{h}{2}}.$$

On obtient ensuite la formule relative aux cosinus en changeant, dans la précédente, x en $\frac{\pi}{2}-x$ et h en $-h$, savoir :

$$(6)\quad S'_2 = -\frac{\cos\left(x+(n-2)\frac{h}{2}\right)\sin(n-1)\frac{h}{2}}{2\sin^3\frac{h}{2}} + \frac{(2n+1)\cos(x+(n-1)h)-\cos(x-h)}{4\sin^2\frac{h}{2}}$$
$$+\frac{n^2\sin\left(x+(2n-1)\frac{h}{2}\right)}{2\sin\frac{h}{2}}.$$

Problème III. — *Trouver la somme des produits que l'on obtient en multipliant les sinus ou cosinus de* n *arcs croissant en progression arithmétique par les cubes des* n *premiers nombres entiers.*

Soient S_3 et S'_3 les deux sommes demandées. On a d'abord

$$S_3 = \cos x + 2^3\cos(x+h) + 3^3\cos(x+2h)+\ldots+n^3\cos(x+(n-1)h);$$

puis, par des transformations analogues à celles du problème précédent, on obtient successivement

$$2\sin\frac{h}{2}.\,S_3=\cos\left(x-\frac{h}{2}\right)-\cos\left(x+\frac{h}{2}\right)+2^3\left(\cos\left(x+\frac{h}{2}\right)-\cos\left(x+\frac{3h}{2}\right)\right)$$
$$+3^3\left(\cos(x+\frac{3h}{2}\right)-\cos\left(x+\frac{5h}{2}\right)\Big)+\ldots..$$
$$+n^3\left(\cos(x+(2n-3)\frac{h}{2}-\cos\left(x+(2n-1)\frac{h}{2}\right)\right)$$
$$=\cos\left(x-\frac{h}{2}\right)+(3.1^2+3.1+1)\cos\left(x+\frac{h}{2}\right)+$$
$$(3.2^2+3.2+1)\cos\left(x+\frac{3h}{2}\right)+\ldots.$$
$$+(3(n-1)^2+3(n-1)+1)\cos\left(x+(2n-3)\frac{h}{2}\right)$$
$$-n^3\cos\left(x+(2n-1)\frac{h}{2}\right)$$
$$=\cos\left(x-\frac{h}{2}\right)+\cos\left(x+\frac{h}{2}\right)+\ldots.+\cos\left(x+(2n-3)\frac{h}{2}\right)$$
$$+3\left(\cos(x+\frac{h}{2}\right)+2\cos\left(x+\frac{3h}{2}\right)+\ldots.+(n-1)\cos\left(x+(2n-3)\frac{h}{2}\right)\Big)$$
$$+3\left(\cos(x+\frac{h}{2}\right)+2^2\cos\left(x+\frac{3h}{2}\right)+\ldots+(n-1)^2\cos\left(x+(2n-3)\frac{h}{2}\right)\Big)$$
$$-n^3\cos\left(x+(2n-1)\frac{h}{2}\right).$$

Il ne reste plus maintenant qu'à appliquer aux trois premières parties du second membre, respectivement, les formules (2), (4) et (6), et on obtient, toutes réductions faites, la formule

$$(7)\quad S_3=-\frac{3\cos\left(x+(n-2)\frac{h}{2}\right)\sin(n-2)\frac{h}{2}}{4\sin^4\frac{h}{2}}+\frac{3\left(n\cos(x+(2n-3)\frac{h}{2}\right)-\cos\left(x-\frac{h}{2}\right)\Big)}{4\sin^3\frac{h}{2}}$$
$$+\frac{(3n^2-3n+1)\sin(x+(n-1)h)-\sin(x-h)}{4\sin^2\frac{h}{2}}-\frac{n^3\cos\left(x+(n-1)\frac{h}{2}\right)}{2\sin\frac{h}{2}}.$$

On aura ensuite la formule que donne S'_3 en changeant, dans la précédente, x en $\frac{\pi}{2} - x$ et h en $-h$.

Remarque. — On passerait du cas précédent à celui où les n premiers nombres entiers sont élevés à la quatrième puissance, comme on est passé du problème II au problème III, et ainsi de suite. On peut donc considérer, comme résolue, la question de la sommation dans le cas où les nombres entiers consécutifs sont élevés à une même puissance quelconque. Il est même permis de remplacer les nombres entiers consécutifs par les termes d'une progression arithmétique. Mais, comme on va le voir bientôt, la résolution des problèmes I et II suffit. Si l'on a développé la solution du problème III, c'est pour faire mieux comprendre la méthode générale.

Je vais maintenant donner la solution des questions relatives à la cycloïde en les partageant en deux groupes, comme l'a fait *Pascal*.

Problème IV. — *Évaluer le segment compris entre l'arc d'une cycloïde et sa corde, lorsque cette corde est parallèle à la base de la cycloïde.*

Nota. — Dans ce problème et dans les suivants, lorsqu'il sera question du cercle générateur, il sera toujours sous-entendu que ce cercle est pris dans la position, où il est tangent à la cycloïde en son sommet.

Soit a l'arc du cercle générateur ayant, pour origine, le sommet de la cycloïde et, pour extrémité, l'un des points où le cercle générateur est rencontré par la corde du segment. Divisons cet arc en n parties égales que nous désignerons par h, et formons des rectangles, analogues à ceux de la fig. (6), qui correspondent aux différentes divisions de l'arc. Si l'on désigne la somme de ces rectangles par A, comme le rectangle correspondant à la p^{eme} division du cercle générateur a pour mesure $ph\,(\cos\,(p-1)h - \cos\,ph)$ (Lemme III, note VIII), on aura

$$A = \Sigma_1^n ph\,(\cos\,(p-1)h - \cos\,ph).$$

(Σ_1^n représente ici et représentera toujours dans la suite une somme de termes correspondant à toutes les valeurs entières d'un nombre p depuis 1 jusqu'à n.) Alors, en développant le second nombre de l'équation précédente, on a

$$\begin{aligned}A &= h((\cos o - \cos h) + 2(\cos h - \cos 2h) + \ldots + n(\cos(n-1)h - \cos nh)) \\ &= h(\cos o + \cos h + \cos 2h + \ldots + \cos(n-1)h) - a\cos a,\end{aligned}$$

et en sommant la quantité entre parenthèses à l'aide de la formule (2), on obtient

$$A = \frac{h\cos(n-1)\frac{h}{2}\sin\frac{a}{2}}{\sin\frac{h}{2}} - a\cos a.$$

Si maintenant on désigne par B l'aire du segment qu'il s'agit d'évaluer et par B′ celle du segment de cercle qui lui correspond, en rétablissant le rayon r, on a

$$B = \lim.\left(4r^2\frac{\frac{h}{2}}{\sin\frac{h}{2}}\cos(n-1)\frac{h}{2}\sin\frac{a}{2} - 2r^2 a\cos a\right) + B',$$

ou

$$B = 2r^2(\sin a - a\cos a) + B'. \tag{8}$$

En appliquant la formule (8) à la cycloïde tout entière, a est égal à π et l'aire B′ est égale à πr^2 : on trouve alors $3\pi r^2$ pour l'aire totale de la cycloïde, comme on l'avait déjà démontré (Pr. IV, note VIII). On pourrait, du reste, vérifier, à l'aide de la même formule, le théorème général établi en même temps que l'on a résolu le problème qui vient d'être cité.

Problème V. — *Trouver l'expression du volume engendré par le demi-segment considéré dans le problème précédent, lorsque ce demi-segment exécute une révolution complète autour de l'axe de la cycloïde.*

Soient V le volume demandé et V′ le segment correspondant de la sphère engendré par le cercle générateur tournant autour de l'axe de la cycloïde. En considérant le volume V comme la somme des volumes engendrés par la rotation des rectangles que l'on déduit de ceux du problème précédent en prolongeant leurs bases jusqu'à l'axe, on a

$$\frac{V}{\pi} = \lim \Sigma_1{}^n (ph + \sin ph)^2 (\cos(p-1)h - \cos ph)$$
$$= \lim \Sigma_2{}^n (p^2h^2 + 2ph \sin ph)(\cos(p-1)h - \cos ph)$$
$$+ \lim \Sigma_2{}^n \sin^2 ph (\cos(p-1)h - \cos ph).$$

La dernière limite dans le second membre de l'équation précédente est évidemment V′ ; la question se trouve donc ramenée à trouver la limite de la première somme. Nous désignerons cette somme par C. On a alors

$$C = (h^2 + 2h \sin h)(\cos o - \cos h) + (4h^2 + 4h \sin 2h)(\cos h - \cos 2h)$$
$$+ \ldots + (n^2h^2 + 2nh \sin nh)(\cos(n-1)h - \cos nh)$$
$$= h^2(\cos o + 3\cos h + 5\cos 2h + \ldots + (2n-1)\cos(n-1)h - n^2\cos nh)$$
$$+ 2h\sin h(\cos o - \cos h) + 4h\sin 2h(\cos h - \cos 2h) + \ldots$$
$$+ 2nh\sin nh(\cos(n-1)h - \cos nh);$$

ou, en décomposant chacune des deux sommes en deux autres,

$$C = h^2(\cos o + \cos h + \cos 2h + \ldots + \cos(n-1)h)$$
$$+ 2h^2(\cos h + 2\cos 2h + \ldots + (n-1)\cos(n-1)h) - a^2\cos a$$
$$+ 2h(\sin h \cos o + 2\sin 2h \cos h + \ldots + n\sin nh \cos(n-1)h)$$
$$- h(\sin 2h + 2\sin 4h + \ldots + n\sin 2nh).$$

Si l'on remplace maintenant chaque double produit de sinus dans l'avant-dernier terme par une somme de sinus, il vient

$$C = h^2(\cos o + \cos h + \cos 2h + \ldots \cos(n-1)h)$$
$$+ 2h^2(\cos h + 2\cos 2h + \ldots + (n-1)\cos(n-1)h) - a^2\cos a$$
$$+ (1 + 2 + 3 + \ldots + n)h\sin h$$
$$+ h(\sin h + 2\sin 3h + \ldots + n\sin(2n-1)h)$$
$$- h(\sin 2h + 2\sin 4h + \ldots + n\sin 2nh);$$

et l'on est ramené à des sommations connues. En les effectuant, on a

$$C = \frac{h^2 \cos(n-1)\frac{h}{2} \sin n\frac{h}{2}}{\sin\frac{h}{2}} - \frac{h^2 \sin^2(n-1)\frac{h}{2}}{\sin^2\frac{h}{2}} + \frac{nh^2 \sin(2n-1)\frac{h}{2}}{\sin\frac{h}{2}}$$
$$- a^2\cos a + \frac{n(n+1)}{1\,.\,2} h \sin h + h\frac{\cos(n-1)h \sin a}{2\sin^2 h}$$
$$- \frac{a\cos 2a}{2\sin h} - \frac{h\cos a \sin a}{2\sin^2 h} + \frac{a\cos(2n+1)h}{2\sin h}.$$

En groupant ensuite les 4 derniers termes, deux à deux, on remplace, dans leur somme, la différence de deux cosinus par un double produit de sinus ; et cette somme devient

$$\frac{h \sin a \sin(2n-1)\frac{h}{2}}{4 \sin\frac{h}{2}\cos^2\frac{h}{2}} - \frac{a \sin(4n+1)\frac{h}{2}}{2\cos\frac{h}{2}}.$$

Enfin, en mettant en évidence les rapports $\frac{h}{\sin h}$, $\frac{\frac{h}{2}}{\sin\frac{h}{2}}$ dont les limites sont égales à l'unité, on obtient la limite de C, et en rétablissant le rayon r, on a

$$(9)\quad V = \pi r^2\left(\frac{a^2}{2}(1-2\cos a) + a \sin a(2-\cos a) - 2\sin^2\frac{a}{2}\left(\sin^2\frac{a}{2}+1\right)\right) + V'.$$

En appliquant la formule (9) au cas où le volume est engendré par l'aire de la demi-cycloïde tournant autour de l'axe, on doit faire a égal à π et V' égal à $\frac{4}{3}\pi r^3$. On a alors

$$V = \frac{\pi r^3(9\pi^2-16)}{6}.$$

Comme le second membre de la formule précédente peut s'écrire : $2\pi^3 r^3 \times \frac{\frac{3}{4}\pi^2 r^2 - \frac{4r^2}{3}}{\pi^2 r^2}$, on arrive au théorème démontré par *Roberval*.

Le solide engendré par la surface de la demi-roulette exécutant une révolution complète autour de son axe est au cylindre ayant pour rayon de base, la demi-base de la roulette et, pour hauteur, le diamètre de la roue, comme les trois quarts du carré de la demi-base de la roulette moins le tiers du carré du diamètre de la roue est au carré de cette demi-base.

PROBLÈME VI. — *Trouver l'expression du volume engendré par le segment déjà considéré dans les problèmes précédents, lorsque ce segment exécute une révolution complète autour de sa base.*

Soit V_1 le volume demandé. Décomposons le segment donné en rectangles obtenus en menant par les points de division du cercle générateur des parallèles à la base jusqu'à la rencontre de la cycloïde et en abaissant de ces points des perpendiculaires à la corde du segment. En considérant les cylindres qui ont ces perpendiculaires pour rayons de bases, on aura évidemment

$$\begin{aligned} V_1 &= \lim . 2\Sigma_1^n (\cos ph - \cos a)^2 (h + \sin ph - \sin (p-1)h) \\ &= \lim . 2\Sigma_1^n h (\cos ph - \cos a)^2 + \\ &\quad \lim . 2\Sigma_1^n (\cos ph - \cos a)^2 (\sin ph - \sin (p-1)h). \end{aligned}$$

Or la deuxième limite représente évidemment le volume engendré par le segment du cercle générateur qui correspond au volume demandé. Alors, en désignant par V_1' le volume engendré par le segment de cercle, on a

$$V_1 = \lim . 2\Sigma_1^n h (\cos ph - \cos a)^2 + V_1',$$

et tout est ramené à calculer la somme $\Sigma_1^n h (\cos ph - \cos a)^2$ que nous désignerons par D.

On a d'abord

$$\begin{aligned} D &= a \cos^2 a - 2h \cos a (\cos h + \cos 2h + \ldots + \cos nh) \\ &\quad + h (\cos^2 h + \cos^2 2h + \ldots + \cos^2 nh) \\ &= a \cos^2 a - 2h \cos a (\cos h + \cos 2h + \ldots + \cos nh) \\ &\quad + \frac{a}{2} + \frac{h}{2} (\cos 2h \cos 4h + \ldots + \cos 2nh) ; \end{aligned}$$

et, si l'on fait les sommations connues, il vient

$$D = a \cos^2 a - \frac{2h \cos a \cos (n+1) \frac{h}{2} \sin \frac{nh}{2}}{\sin \frac{h}{2}} + \frac{a}{2} + \frac{h \cos (n+1)h \sin nh}{2 \sin h}.$$

Prenant maintenant la limite de D, on a finalement

$$(10) \qquad V_1 = \pi r^3 \left(a (\cos 2a + 2) - \frac{5}{2} \sin 2a \right) + V_1'.$$

Appliquons la formule (10) au volume engendré par l'aire de

la cycloïde tournant autour de sa base. Alors a et V'_1 sont respectivement égaux à π et $2\pi^2r^3$, et on a

$$V_1 = 5\pi^2r^3 = 8\pi^2r^3 \times \frac{5}{8}.$$

On voit donc que *le volume engendré par la surface de la roulette exécutant une révolution complète autour de sa base est au cylindre qui a, pour base, un cercle quadruple de la roue et pour hauteur la base de la roulette, comme* 5 *est à* 8.

Ce résultat était connu de *Roberval* et *Torricelli*.

PROBLÈME VII. — *Trouver le centre de gravité de la moitié du segment considéré jusqu'ici, le segment étant divisé par l'axe de la cycloïde en deux parties égales.*

L'aire du segment de cycloïde étant connu (Pr. IV) ainsi que les volumes engendrés par la rotation du demi-segment autour de l'axe et de la base (Pr. V et VI), on connaîtra, d'après les théorèmes de *Guldin* relatifs aux volumes, les distances du centre de gravité demandé à l'axe et à la base de la cycloïde. Du reste, la question se traiterait aisément, d'une manière directe.

PROBLÈME VIII. — *Trouver le centre de gravité de la moitié du volume* V *déterminé* (*Pr. V*), *lorsque ce volume est divisé en deux parties égales par un plan perpendiculaire à celui de la cycloïde, mené par l'axe de cette courbe.*

Le centre de gravité demandé étant dans le plan de la cycloïde, tout revient à trouver ses distances x_1, y_1 à l'axe et à la corde du segment de cycloïde.

Calcul de y_1. — Si l'on prend les mêmes rectangles que dans les problèmes IV et V, comme ces rectangles sont infiniment petits, les centres de gravité des volumes qu'ils engendrent pourront être considérés comme situés à une distance de la corde du segment égale à celle de l'une ou l'autre des deux bases du demi-cylindre engendré. On a alors

$$\frac{Vy_1}{\pi} = \lim \Sigma_1^n (ph + \sin ph)^2 (\cos(p-1)h - \cos ph)(\cos ph - \cos a),$$

et, en développant le second membre, on est encore ramené à des sommations connues.

Calcul de x_1. — Chaque élément de volume étant un demi-cylindre terminé au plan qui a été mené perpendiculairement au plan de la figure primitive, le centre de gravité de cet élément est au milieu de la droite qui joint les centres de gravité des demi-cercles formant les bases de l'élément. Il en résulte que la distance du centre de gravité d'un élément à l'axe s'obtiendra en multipliant la base du rectangle générateur par $\frac{4}{3\pi}$; car, comme on le sait, le centre de gravité d'un demi-cercle est à une distance du centre égale à la fraction $\frac{4}{3\pi}$ du rayon. On a donc

$$\frac{V}{2} x_1 = \frac{2}{3} \lim \Sigma_1{}''(ph + \sin ph)^3 (\cos (p-1)h - \cos ph),$$

et on est encore ramené à des sommations connues.

Après avoir développé les deux formules précédentes, on pourra les appliquer à la démonstration de la proposition suivante énoncée par Pascal : *Le centre de gravité de la demi-roulette, tournée à l'entour de la base est distant, de la base d'une droite qui est au diamètre du cercle générateur, comme sept fois le diamètre à six fois la circonférence, et est distant de l'axe d'une droite égale au quart de la circonférence du cercle générateur moins seize quinzièmes parties de la distance qui est entre le centre du cercle générateur et le centre de gravité de son demi-cercle.*

PROBLÈME IX. — *Trouver le centre de gravité du quart du volume V_1 déterminé (Pr. VII), lorsque ce volume est divisé en quatre parties égales par deux plans perpendiculaires à la figure primitive, menés respectivement par l'axe de la cycloïde et la base du segment.*

Soient x_2 et y_2 les distances du centre de gravité demandé à l'axe de la cycloïde et à la base du segment. En procédant comme dans le problème précédent, mais en prenant maintenant les rectangles du problème VI, on a

$$\frac{V_1}{2\pi} x_1 = \lim \Sigma_1{}''(\cos ph - \cos a)^2 (h + \sin ph - \sin (p-1)h)(ph + \sin ph),$$

$$\frac{V_1}{4} y_1 = \frac{2}{3} \lim \Sigma_1{}''(\cos ph - \cos a)^3 (h + \sin ph - \sin (p-1)h);$$

et on est toujours ramené à des sommations connues.

PROBLÈME X. — *Trouver la longueur d'un arc quelconque de cycloïde ayant son origine au sommet de cette courbe.*

Soit toujours l'arc a du cercle générateur, correspondant à l'arc de cycloïde, divisé en n parties égales à h par des parallèles à la base. Ces parallèles divisent l'arc de cycloïde en n parties correspondantes : proposons-nous de trouver l'expression de la p^{eme} division à partir du sommet de la cycloïde. A cet effet, on considère la longueur de cette division comme l'hypoténuse d'un triangle rectangle dont les deux côtés de l'angle droit sont ses projections sur l'axe et sur la base de la cycloïde. Alors, en appelant k la longueur de l'arc infinitésimal de cycloïde, on a

$$k = \sqrt{(\cos(p-1)h - \cos ph)^2 + (\sin ph - \sin(p-1)h + h)^2}$$
$$= \sqrt{4\sin^2\frac{h}{2} + 4h\sin\frac{h}{2}\cos(2p-1)\frac{h}{2} + h^2};$$

et si l'on remplace $\sin\frac{h}{2}$ par $\frac{h}{2}$, comme il est permis, il vient

$$k = 2h\cos(2p-1)\frac{h}{4}.$$

Désignant maintenant par l la longueur de l'arc de cycloïde et rétablissant le rayon, on a

$$l = 2r\lim.\Sigma_1^n h\cos(2p-1)\frac{h}{4} = 2r\lim.\frac{h\cos n\frac{h}{4}\sin n\frac{h}{4}}{\sin\frac{h}{4}},$$

ou

$$(11)\qquad l = 4r\sin\frac{a}{2}.$$

Or $2r\sin\frac{a}{2}$ représente la corde de l'arc de cercle générateur correspondant à l'arc de cycloïde ; on est donc conduit au théorème de *Wren : la longueur de l'arc de cycloïde ayant son origine au sommet est double de l'arc correspondant du cercle générateur.*

PROBLÈME XI. — *Trouver le centre de gravité d'un arc de cycloïde dont l'origine est au sommet.*

Soient x_2, y_2 les distances du centre de gravité demandé à l'axe de la cycloïde et à la parallèle à sa base, menée par l'extrémité de l'arc.

Calcul de y_2. — En prenant les moments des arcs infinitésimaux, obtenus dans le problème précédent, par rapport à la parallèle dont il vient d'être question, on a

$$ly_2 = 2\lim.\Sigma_1^n h\cos(2p-1)\frac{h}{4}(\cos ph - \cos a)$$

$$=\lim.\Sigma_1^n h\left(\cos(6p-1)\frac{h}{4}+\cos(2p+1)\frac{h}{4}\right) - 2\cos a \lim \Sigma_1^n h\cos(2p-1)\frac{h}{4}$$

$$=\lim.\frac{h\cos(3n+2)\frac{h}{4}\sin\frac{3nh}{4}}{\sin\frac{3h}{4}} + \lim.\frac{h\cos(n+2)\frac{h}{4}\sin\frac{nh}{4}}{\sin\frac{h}{4}}$$

$$-2\cos a.\lim.\frac{h\cos\frac{nh}{4}\sin\frac{nh}{4}}{\sin\frac{h}{4}}.$$

Passant ensuite à la limite et rétablissant le rayon r, on a

$$\frac{ly_2}{r^2} = \frac{2}{3}\sin\frac{3a}{2} + 2\sin\frac{a}{2}(1 - 2\cos a).$$

Considérons maintenant, dans la dernière équation, l'arc $\frac{3a}{2}$ comme la somme des arcs a et $\frac{a}{2}$, puis développons le sinus de cette somme et divisons les deux membres de l'équation par la valeur de l qui est égale à $4r\sin\frac{a}{2}$: nous aurons

$$y_2 = \frac{2}{3}(1 - \cos a)r.$$

Or $r(1 - \cos a)$ est la projection de l'arc de cycloïde sur l'axe; on voit donc que le centre de gravité de l'arc est à une distance de la parallèle à la base, menée par son extrémité, égale aux deux tiers de la longueur de sa projection sur l'axe.

Corollaire. — *L'arc de cycloïde double de l'arc considéré a son centre de gravité sur l'axe de la cycloïde à une distance du sommet égale au tiers de la partie de l'axe interceptée entre l'arc et sa corde.*

Cette proposition était connue de *Huyghens* qui l'énonce dans une de ses lettres à *Pascal.*

Calcul de x_2. — En prenant les moments par rapport à l'axe de la cycloïde, on a

$$lx_2 = \lim . \Sigma_1^n h \cos(2p-1)\frac{h}{4}(ph + \sin ph);$$

et le calcul s'achève sans difficulté.

Problème XII. — *Évaluer les surfaces engendrées par l'arc de cycloïde qui a son origine au sommet, lorsque cet arc exécute une révolution complète autour de l'axe ou de la parallèle à la base de la cycloïde menée par son extrémité.*

En faisant usage du théorème de *Guldin* relatif aux surfaces, on est immédiatement ramené au problème précédent.

Problème XIII. — *Trouver le centre de gravité de la surface engendrée par l'arc de cycloïde qui a son origine au sommet, lorsque cet arc exécute une demi-révolution autour de l'axe.*

On remarque d'abord que le centre de gravité demandé est dans le plan de la cycloïde donnée qui est un plan de symétrie de la surface, et tout revient à calculer les distances x_3, y_3 de ce centre aux deux mêmes droites que dans les problèmes précédents.

A cet effet, on considère la surface engendrée comme la limite de la somme des surfaces convexes des demi-troncs de cône ayant pour apothèmes les n arcs infinitésimaux de la cycloïde et dont les axes sont dirigés suivant l'axe de la même courbe. D'ailleurs, en considérant la surface d'un demi-tronc de cône comme la limite d'un demi-tronc de pyramide régulière, on voit que le centre de gravité de chaque demi-tronc de cône est le centre de gravité d'une demi-circonférence dont le plan partage la distance des deux bases dans un certain rapport, et on sait que le centre de gravité d'une demi-circonférence est à une distance du centre égale à la fraction $\frac{2}{\pi}$ du rayon. Alors, en désignant par S la surface engendrée, on a

$$Sx_3 = 2r^3 \times \lim \Sigma_1^n (ph + \sin ph)^2 h \cos(2p-1)\frac{h}{4};$$

$$Sy_3 = \pi r^3 \times \lim \Sigma_1^n (ph + \sin ph)(\cos ph - \cos a) h \cos(2p-1)\frac{h}{4}.$$

En écrivant ces deux formules, on néglige, dans chaque tronc de cône, la différence infiniment petite entre le rayon d'une des bases et le rayon d'une section quelconque parallèle aux bases.

PROBLÈME XIV. — *Trouver le centre de gravité de la surface engendrée par l'arc de cycloïde qui a son origine au sommet, lorsque cet arc fait une demi-révolution autour de la perpendiculaire à l'axe abaissée de son extrémité.*

On décompose encore la surface en demi-troncs de cône, mais qui ont maintenant leurs axes dirigés suivant la perpendiculaire à l'axe passant par l'extrémité de l'arc, et on a un calcul semblable au précédent.

NOTE X

SUR LA RÉPARTITION DES NOMBRES PREMIERS ET L'INEXACTITUDE D'UN THÉORÈME DE LEGENDRE QUI S'Y RAPPORTE.

Cette note n'a pas trait aux travaux de Pascal; mais la méthode employée a tant d'analogie avec celle dont l'illustre géomètre a fait usage dans l'étude des propriétés du triangle arithmétique qu'on me saura peut-être quelque gré de la faire connaître ici.

Un géomètre distingué, mort très-jeune, *de Polignac* a donné un travail très-curieux sur la répartition des nombres premiers, sous le nom d'étude des suites *diatomiques*. Mais malheureusement, à mesure qu'il avance dans son travail, les démonstrations sont remplacées par de simples inductions. Je me propose de démontrer ici quelques-uns de ses théorèmes; puis en continuant de marcher dans la voie qu'il a ouverte, je donnerai quelques propositions nouvelles qui rendront manifeste l'inexactitude d'un théorème de *Legendre* sur la répartition des nombres premiers. Cette inexactitude a déjà été démontrée par *Dupré*, mais par une méthode toute différente de celle que je vais exposer.

Notations et définitions. — Les nombres premiers consécutifs, à partir de 2, seront désignés par p_1, p_2, $p_3 \ldots, p_n$, en désignant généralement par p_n le nombre premier dont le rang est n (on exclut l'unité).

Tous les nombres entiers consécutifs, y compris zéro, étant écrits à la suite les uns des autres, on procède comme pour le crible d'*Ératosthène*, en comptant de 2 en 2, à partir de zéro, de 3 en 3 à partir de 3, etc., mais en effaçant les nombres premiers comme les autres. Alors, si l'on s'arrête successivement après chaque nombre premier, on aura des groupes de termes effacés, séparés par un seul nombre effacé puisqu'il ne peut y avoir deux termes consécutifs non effacés, l'un des deux l'étant toujours comme pair.

Chaque groupe de termes effacés s'appelle une *séquence*. Ainsi, quand on s'arrête à 2 puis à 3, si l'on met un point au-dessus des termes qui doivent être effacés, on a

$$\dot{0}, 1, \dot{2}, 3, \dot{4}, 5, \dot{6}, \ldots; \dot{0}, 1, \dot{2}, \dot{3}, \dot{4}, 5, \dot{6}, 7, \dot{8}, \dot{9}, \dot{10}, 11, \ldots;$$

et, dans la première, le nombre des termes de chaque séquence est 1, tandis que, dans la seconde, il est alternativement 1 et 3. On voit de même que si l'on s'arrête à 5 et que l'on écrive à la droite les uns des autres les nombres des termes des séquences successives, on a la suite

$$1, 5, 3, 1, 3, 1, 3, 5$$

qui se reproduit indéfiniment à la suite d'elle-même.

Les suites 1, 1 ...; 1, 3, 1, 3 ...; 1, 5, 3, 1, 3, 1, 3, 5 ..., etc. correspondant respectivement aux nombres premiers 2, 3, 5, etc. ont été appelées par *de Polignac* suites *diatomiques* de 2, 3, 5, etc. On désignera, en général, par (p_n) la suite diatomique correspondant à p_n.

Remarque. — Les termes d'une suite diatomique sont toujours des nombres impairs. En effet, entre deux nombres impairs, il y a toujours un nombre impair de nombres entiers consécutifs.

Théorème I. — *La suite diatomique* (p_n) *est périodique, et, si l'on désigne par* P *le produit des nombres premiers consécutifs depuis* 2 *jusqu'à* p_n *inclusivement, le nombre des termes de la période est égal au nombre des nombres premiers à* P *et moindres que lui.*

Soit mP un multiple quelconque de P; je dis qu'à partir de mP, les séquences se produiront dans le même ordre. En effet, mP étant divisible par tous les nombres premiers depuis 2 jusqu'à p_n, si, à partir de ce nombre, dans la suite indéfinie des nombres entiers consécutifs, on efface les nombres successivement de 2 en 2, de 3 en 3, ..., de p_n en p_n, les termes effacés occuperont évidemment, à partir de mP, le même rang qu'ils auraient eu par rapport à zéro, si on les avait effacés à partir de ce nombre.

Mais il n'en serait plus ainsi, si le nombre, à partir duquel on effaçait, était un nombre N non divisible par quelqu'un des nombres premiers de 2 à p_n. Si, par exemple, N n'était pas divisible par le nombre premier p_h et que le reste de sa division par p_h fut r, le premier nombre de la suite des nombres entiers, divisible par p_h après N, suivrait ce nombre d'un nombre de rangs égal à $r - p_h$, tandis qu'à partir de zéro, le premier nombre divisible par p_h occupe le p_h^{eme} rang.

Il résulte évidemment de ce qui précède que P est le plus petit nombre à partir duquel les séquences se reproduisent dans le même ordre, et, par suite, P — 1 est le dernier nombre non effacé dans la suite (p_n). D'ailleurs, il y a autant de termes dans chaque période qu'il y a de termes non effacés avant P, puisque, après chaque séquence, vient un terme non effacé. Or comme les termes non effacés sont les nombres premiers à P et moindres que lui, le théorème est démontré.

Remarque. — On sait que le nombre des nombres premiers à P et moindres que lui est égal à $(p_1 - 1)(p_2 - 1)\ldots(p_n - 1)$. Cette proposition sera d'ailleurs démontrée plus tard (th. X), comme conséquence de la théorie que nous exposons.

Théorème II. — *Le premier terme de la suite diatomique (p_n) est toujours l'unité, et le second terme est toujours $p_{n+1} - 2$.*

La première partie du théorème est évidente, puisque 1 reste toujours non effacé entre 0 et 2 effacés comme nombres pairs. Quant au second nombre de la suite diatomique (p_n), il représente le nombre des nombres compris depuis 2 jusqu'à $p_{n+1} - 1$ inclusivement, puisque, à part l'unité, p_{n+1} est le premier nombre qui n'est pas effacé. Le second nombre de la suite diatomique est donc bien $p_{n+1} - 2$.

Théorème III. — *Dans toute suite diatomique, si l'on met*

à part le premier terme 1, *le terme du milieu de chaque période est* 3 *et les termes à égale distance de ce terme sont égaux.*

Dans la suite des nombres entiers consécutifs depuis 1 jusqu'à P — 1 le terme du milieu est $\frac{P}{2}$, et ce terme est effacé dans la suite diatomique (p_n) comme multiple de l'un quelconque des nombres premiers depuis 3 jusqu'à p_n. Les deux nombres $\frac{P}{2} - 1$, $\frac{P}{2} + 1$, entre lesquels le nombre impair $\frac{P}{2}$ est placé, seront aussi effacés comme pairs. Mais les deux nombres $\frac{P}{2} - 2$, $\frac{P}{2} + 2$, qui diffèrent de $\frac{P}{2}$ de deux unités, ne seront pas effacés puisque aucun des nombres premiers depuis 2 jusqu'à p_n ne les divise. Le terme du milieu de la suite diatomique est donc 3.

D'un autre côté, le nombre $\frac{P}{2}$ étant impair, les multiples de 2 en seront également distants, et comme $\frac{P}{2}$ est divisible par tous les nombres premiers depuis 3 jusqu'à p_n, tous les multiples de ces nombres en seront à égale distance : la seconde partie du théorème est donc démontrée.

Théorème IV. — P *conservant toujours la même signification que dans les théorèmes précédents, et* Q *étant le nombre des nombres premiers à* P *et moindres que lui, la somme des termes d'une période dans la suite* (p_n) *est égale à* P — Q.

En effet, si à chacun des nombres d'une période dans la suite p_n on ajoute l'unité, et que l'on fasse ensuite la somme des nombres ainsi obtenus, on aura le nombre total des nombres entiers consécutifs depuis 0 jusqu'à P — 1 inclusivement, c'est-à-dire le nombre P. Mais on a ajouté l'unité autant de fois qu'il y a de termes non effacés, c'est-à-dire Q fois; si donc on désigne par S la somme demandée, on aura

$$S + Q = P \quad \text{ou} \quad S = P - Q,$$

de Polignac a donné les quatre théorèmes qui viennent d'être démontrés, mais non les suivants.

THÉORÈME V. — *La période de la suite diatomique* (p_n) *contient toujours le nombre* $2p_{n-1} - 1$.

Soit M le produit des nombres premiers consécutifs depuis 2 jusqu'à p_{n-2} : je dis d'abord que l'on peut toujours résoudre en nombres entiers et positifs les deux équations simultanées

$$(1) \quad Mx - p_{n-1}y = \pm 1, \qquad (2) \quad Mx - p_n z = \mp 1,$$

dans lesquelles les signes supérieurs des seconds membres se correspondent ainsi que les signes inférieurs ; c'est-à-dire que l'on peut toujours déterminer un nombre entier et positif x tel, que le produit de ce nombre par M étant divisé par p_{n-1} et p_n donne pour restes correspondants $+1$ et -1 ou -1 et $+1$.

Il est évident que l'on peut remplacer le système des équations (1) et (2) par l'une d'elles et celle que l'on obtient en les retranchant membre à membre ; la question revient donc à résoudre en nombres entiers et positifs les deux équations

$$(3) \quad p_n z - p_{n-1} y = \pm 2, \qquad (4) \quad Mx - p_{n-1}y = \pm 1$$

dans lesquelles les coefficients des inconnues sont premiers entre eux.

Or, si l'on désigne par α, β des valeurs entières et positives de y, z satisfaisant à l'équation (3), et par t un nombre quelconque, entier et positif, on sait que l'on a

$$(5) \qquad y = \alpha + p_n t, \qquad (6) \quad z = \beta + p_{n-1} t.$$

Alors, en substituant, dans l'équation (4), pour y l'expression donnée par l'équation (5), on est ramené à la résolution toujours possible en nombres entiers et positifs, de l'équation

$$Mx - p_n p_{n-1} t = p_{n-1}\alpha \pm 1,$$

dans laquelle les coefficients de x et t sont premiers entre eux.

Cela posé, il est clair que, dans la suite diatomique (p_n), les trois nombres consécutifs $Mx - 1$, Mx, $Mx + 1$ seront effacés, le deuxième comme divisible par p_{n-2} et chacun des nombres premiers inférieurs, les deux autres comme divisibles, l'un par p_{n-1} et l'autre par p_n. Quant aux autres nombres de la suite (p_n) inférieurs à $Mx - 1$ ou supérieurs à $Mx + 1$, ils seront multiples des nombres premiers consécutifs, 2, 3... p_{n-2}, de 2 en 2, de 3 en 3 . . . de p_{n-2} en p_{n-2} à partir de Mx, comme si on les avait effacés, à partir de 2, dans la suite diatomique (p_{n-2}). Le nombre des termes de la séquence considérée à droite de $Mx + 1$ ou à gauche de $Mx - 1$ est donc (th. II), $p_{n-1} - 2$, et, par suite, le nombre total des termes de la séquence à laquelle Mx appartient est $2(p_{n-1}-2)+3$ ou $2p_{n-1}-1$; c'est ce qu'il fallait démontrer.

THÉORÈME VI. — Si, *dans une suite diatomique, on augmente tous les nombres d'une unité, excepté le premier* 1, *et qu'on fasse la somme des nombres ainsi obtenus jusqu'à l'un quelconque d'entre eux inclusivement, cette somme représentera le nombre non effacé qui vient immédiatement après la dernière séquence considérée.*

Ainsi, par exemple, si dans la suite diatomique de 5, c'est-à-dire 1, 5, 3, 1, 3, 1, 3, 5..., on fait la somme $1+6+4$ dont les deux derniers nombres 6 et 4 sont respectivement égaux à $5+1$, $3+1$, cette somme 11 sera le nombre non effacé qui suit la troisième séquence.

En effet, au premier terme 1 de la suite diatomique correspond le nombre 1 non effacé, puis le nombre 6 se compose du nombre 5 des nombres effacés dans la deuxième séquence et de 1 qui correspond au nombre non effacé après la séquence, et ainsi de suite. La somme que l'on a faite représente donc le nombre d'unités depuis 1 jusqu'à 11 inclusivement, c'est-à-dire le nombre 11 lui-même.

THÉORÈME VII. — a, b, c *étant trois termes consécutifs de la suite* (p_{n-1}), *si les sommes faites, comme dans l'énoncé du théorème précédent, successivement jusqu'à* a *et* c *inclusivement ne sont pas divisibles par* p_n *tandis qu'au contraire la somme faite jusqu'à* b *inclusivement est divisible par* p_n, *le nombre* $b+c+1$ *sera un terme de la suite diatomique* (p_n).

En effet, il résulte du théorème VI que le nombre, non effacé entre les deux termes b et c dans la suite diatomique (p_{n-1}), est effacé dans la suite diatomique (p_n) comme divisible par p_n. Au contraire les deux nombres, non effacés dans la suite p_{n-1} entre a et b et entre c et le nombre suivant, restent encore non effacés dans la suite (p_n) ; donc aux deux nombres b et c de la suite (p_{n-1}) correspond un terme $b + c + 1$ dans la suite diatomique (p_n).

Définition. — Lorsque deux nombres b et c d'une suite diatomique (p_{n-1}) sont remplacés, dans la suite (p_n), par $b+c+1$, on dit qu'il y a *jonction simple*. Si trois nombres consécutifs a, b, c de la suite (p_{n-1}) étaient remplacés dans la suite (p_n) par $a + b + c + 2$, on dirait qu'il y a *jonction double* et ainsi de suite. Pour les premières suites diatomiques on ne trouve que des jonctions simples ; mais on verra plus loin que pour des valeurs de p_n suffisamment grandes, les jonctions multiples ne sont pas impossibles.

Problème I. — *Déduire la suite* (p_n) *de la suite* (p_{n-1}).

Des deux théorèmes précédents on déduit la règle suivante :

Ecrivez sur une même ligne les nombres de la suite (p_{n-1}) qui forment la première période, et imaginez que cette période soit écrite indéfiniment à la suite d'elle-même, ou mieux encore, que les termes d'une période soient écrits à la suite les uns des autres sur la circonférence d'un cercle. Faites d'abord un premier tour sur le cercle, en effectuant les additions indiquées dans l'énoncé du théorème VI, et toutes les fois qu'il y a jonction entre deux nombres de la suite (p_{n-1}), mettez au-dessus des deux nombres ajoutés, et entre eux, le nombre 1 pour indiquer que la jonction a lieu au premier tour. Quand on fait le second tour, on opère comme pour le premier tour, seulement on ajoute à la somme obtenue, non pas l'unité qui commence la période suivante, mais le nombre 2. Maintenant, pour toutes les jonctions du second tour, placez le nombre 2 comme le nombre 1 a été placé au premier tour et ainsi de suite.

Il est bien entendu d'ailleurs que, toutes les fois qu'une

somme obtenue est supérieure à p_n, on lui substitue le reste de sa division par p_n.

L'énoncé de la règle précédente suppose qu'il n'y ait que des jonctions simples, mais on voit bien comment la règle doit être modifiée dans le cas où il y aurait des jonctions multiples.

Proposons-nous, par exemple, de passer de la suite (5) à la suite (7), on aura la disposition suivante que je vais expliquer en détail :

$$\begin{array}{l} \;\;4\;1\;6\;5\;3\;2\;7\;4 \\ 1\;5\;3\;1\;3\;1\;3\;5. \end{array}$$

La seconde ligne étant la période de la suite (5), au premier tour on fait les additions indiquées par les égalités suivantes :

$$1+6=7,\quad 0+4=4,\quad 4+2=6,\quad 6+4=10,\quad 3+2=5,$$
$$5+4=9,\quad 2+6=8\,;$$

et on voit ainsi qu'au premier tour il n'y a qu'une seule jonction du second et du troisième terme de la période. On a alors placé 1 entre 5 et 3 dans la ligne supérieure. Quant au reste à la fin du premier tour il est égal à 1. On ajoute alors ce reste au premier terme 1 de la période augmenté lui-même de 1, et les additions du second tour sont représentées par les égalités suivantes :

$$1+2=3,\quad 3+6=9,\quad 2+4=6,\quad 6+2=8,\quad 1+4=5,$$
$$5+2=7,\quad 0+4=4,\quad 4+5=9.$$

Il y a alors jonction au second tour entre le sixième et le septième terme de la période et on a placé 2 entre ces deux termes dans la ligne supérieure. On continue ainsi toujours de la même manière jusqu'à ce que l'on ait terminé le septième tour.

Les nombres placés, comme plus haut, dans une ligne au-dessus de celle qui contient les termes de la période de la suite (p_{n-1}), et indiquant les jonctions aux différents tours seront appelés les *indicateurs*. Si plusieurs indicateurs consécutifs étaient égaux, il y aurait des jonctions multiples.

Quand les indicateurs ont été placés comme il a été dit, la suite (p_n) est connue, puisque, à chaque tour, on conserve les termes de la période dans la suite (p_{n-1}), sauf les termes, pour lesquels il y a jonction, que l'on remplace par leur somme augmentée de l'unité quand il y a jonction simple. C'est ainsi que nous avons obtenu la suite diatomique de 7 qui est la suivante :

$$1, \underline{9}, 1, 3, 1, 3, 5 \mid 1, 5, 3, 1, 3, \underline{5}, 5 \mid 1, 5, 3, 1, \underline{5}, 3, 5 \mid \underline{7}, 3, 1, 3, 1, 3, \underline{7} \mid$$
$$5, 3, \underline{5}, 1, 3, 5 \mid 1, 5, \underline{5}, 3, 1, 3, 5 \mid 1, 5, 3, 1, 3, 1, \underline{9} \mid.$$

On a séparé par une barre verticale les termes correspondant à chaque tour, et on a souligné les termes provenant de jonctions.

PROBLÈME II. — *Déterminer immédiatement dans la suite* (p_{n-1}) *les restes de la division par* p_n *à la fin de chaque tour.*

1° Le reste r au premier tour est le reste de la division par p_n du nombre $p_1\, p_2 \ldots p_{n-1} - 1$, qui est le dernier nombre non effacé dans la suite naturelle des nombres lorsque l'on s'arrête à la première période de la suite (p_{n-1}).

2° Les restes, aux tours suivants jusqu'au tour dont le rang est p_n, sont $2r + 1$, $3r + 2 \ldots$, $p_n r + p_n - 1$. En effet, à partir du second tour, la somme des termes de la période doit être augmentée de 1 et du reste obtenu au tour précédent.

Si, par exemple, on veut trouver les restes de la suite (7) à la fin de chaque tour, le reste au premier tour sera celui de $2.3.5 - 1$ ou 29 par 7, c'est-à-dire 1, et la suite complète des restes à la fin des différents tours sera 1, 3, 5, 7, 9, 11, 13, ou 1, 3, 5, 0, 2, 4, 6.

THÉORÈME VIII. — *Dans la suite* (p_{n-1}), *la suite des restes de la division par* p_n, *à la fin de chaque tour, est une suite périodique dont le nombre des termes est* p_n, *et les termes de la période sont tous différents.*

En effet, r étant le reste correspondant au premier tour, le reste correspondant au $(p_n + 1)^{\text{eme}}$ tour sera $(p_n + 1)r + p_n$ ou r, les p_n premiers restes se reproduiront donc périodiquement. D'ailleurs les restes d'une même période sont tous différents ; car si deux d'entre eux $mr + m - 1$, $nr + n - 1$ étaient égaux, leur différence $(m - n)(r + 1)$ serait divisible par p_n.

Or p_n ne divisant pas le nombre $m-n$ qui lui est inférieur, devrait diviser $r+1$, et comme r est inférieur à p_n, l'impossibilité de la division de $r+1$ par p_n sera démontrée, si l'on fait voir que r ne peut pas être égal à p_n-1. En effet, si r qui est le reste de la division par r du nombre $2.3...p_{n-1}-1$ pouvait être égal à p_n-1, on aurait

$$2.3..p_{n-1}-1 = \text{multiple de } p_n + p_n - 1,$$

et on arriverait à cette conséquence absurde que le produit $2.3.5...p_{n-1}$ serait divisible par p_n.

Corollaire. — Les p_n restes trouvés à la fin de chaque tour, étant tous différents et inférieurs à p_n, seront, dans un certain ordre, les nombres entiers consécutifs depuis 0 jusqu'à p_n-1 qui est toujours le dernier reste.

PROBLÈME III. — *Déduire du théorème VIII une nouvelle règle pour calculer la suite diatomique* (p_n), *connaissant la suite* (p_{n-1}).

Supposons, par exemple, qu'en partant de la suite diatomique (5) on veuille former la suite diatomique (7). On écrit d'abord la période de la suite diatomique (5)

(α) 1, 5, 3, 1, 3, 1, 3, 5,

et en opérant, comme il a déjà été dit, on cherche les restes correspondant au premier tour, qui sont

(β) 1, 0, 4, 6, 3, 5, 2, 1.

On calcule ensuite les restes correspondant à la fin de chaque tour, qui sont, comme on l'a vu,

1, 3, 5, 0, 2, 4, 6,

et en augmentant chacun de ces derniers nombres d'une unité on obtient la suite

(γ) 2, 4, 6, 1, 3, 5, 0.

Cela fait, pour avoir les restes du second tour, on ajoute aux restes du premier tour le nombre 2 qui est le premier de la suite (γ). On a ensuite les restes du troisième tour en ajoutant le second nombre (4) de la suite (γ) à tous les restes du premier tour et ainsi de suite.

Mais on opère plus simplement en déterminant directement les jonctions qui ont lieu à chaque tour. Au premier tour, comme le reste 0 se trouve au second rang, il y a jonction entre le second et le troisième nombre de la suite (α); on mettra donc le nombre 1 entre ces deux nombres au dessus de la ligne (α).

Pour avoir, au second tour, le reste 0, on doit prendre dans la suite (β) le nombre qui ajouté au premier nombre 2 de la suite (γ) donne 7. Ce nombre est 5 et ne se trouve qu'une fois dans la suite β au sixième rang ; il y a donc dans la suite (α) une jonction et une seule entre le sixième et le septième terme.

La somme $4+3$ étant égale à 7, et 3 étant le cinquième nombre de la suite (α), on trouve qu'au troisième tour, il y a jonction entre le cinquième et le sixième terme de la suite (α), et, en continuant de procéder toujours de la même manière, on a la suite complète des indicateurs.

Théorème IX. — *Chaque terme d'une suite diatomique* (p_{n-1}) *vient s'ajouter au terme qui le suit et à l'unité pour former un terme de la suite diatomique* (p_n), *lorsqu'il n'y a que des jonctions simples, et cela, seulement une fois à l'un des tours.*

Ce théorème est une conséquence immédiate de ce qui a été dit dans la solution du problème précédent.

S'il y avait des jonctions multiples, plus de deux termes de la suite (p_{n-1}) pourraient être remplacées par un seul terme de la suite (p_n).

Corollaire.—Dans la suite (p_{n-1}), le nombre moyen des jonctions simples à chaque tour est égal à $\dfrac{(p_1-1)(p_2-2)\dots(p_{n-1}-1)}{p_n}$.

En effet, d'après le théorème, le nombre total des jonctions simples est égal au nombre des termes de la suite (p_{n-1}), c'est-à-dire au nombre $(p_1 - 1)(p_2 - 1)\ldots(p_{n-1} - 1)$, et il y a un nombre de tours égal à p_n.

Le corollaire serait d'ailleurs encore vrai dans le cas des jonctions multiples, si l'on comptait chacune d'elles comme représentant autant de jonctions qu'il y a d'unités dans son ordre de multiplicité.

Théorème X. — *Le nombre des nombres premiers à* P *et moindres que lui est égal à* $(p_1 - 1)(p_2 - 2)\ldots(p_n - 1)$.

Ce théorème est bien connu, et nous l'avons déjà appliqué deux fois ; mais on peut en donner une démonstration qui est la conséquence immédiate de la théorie que nous exposons.

D'abord, si l'on désigne par N le nombre des termes de la suite (p_{n-1}), on voit facilement que le nombre des termes de la suite (p_n) sera $N(p_n - 1)$. En effet, aux N termes de la période dans la suite $p_n - 1$ correspondraient Np_n termes dans la suite (p_n), s'il n'y avait aucune jonction, puisqu'il faut faire p_n tours pour avoir la période complète de la suite (p_n). Mais le nombre Np_n doit être diminué d'autant d'unités qu'il y a de jonctions simples, puisque toutes les fois qu'il y a jonction simple, deux termes de la suite (p_{n-1}) sont remplacés par un seul terme de la suite (p_n). Or comme le nombre des jonctions simples est Q, le nombre total des termes de la suite p_n est $Qp_n - Q$ ou $Q(p_n - 1)$.

On étend facilement la démonstration au cas où il y aurait des jonctions multiples.

$p_1 - 1$ étant le nombre des termes de la période dans la suite (p_1), on voit, par le raisonnement ordinaire, que le nombre des termes d'une période dans la suite (p_n), est égal à $(p_1 - 1)(p_2 - 1)\ldots(p_n - 1)$.

Problème IV. — *Étant donnée la suite diatomique* (p_n), *en déduire autant de termes que l'on voudra de la suite* (p_{n+h}), h *étant un nombre quelconque*.

On a démontré que le nombre des termes de la suite diatomique (p_n) est égal à $(p_1 - 1)(p_2 - 1)\ldots(p_n - 1)$. Ce nombre croît très-rapidement : ainsi les valeurs correspondant respectivement aux nombres 7, 11, 13, 17 sont 48, 480, 5760, 92160. Jusqu'au nombre 11 inclusivement, le nombre de termes d'une période est assez petit pour que l'on puisse écrire la période d'une suite diatomique. Pour le nombre 13, sans écrire la période, on pourrait écrire la période qui correspond à 11, avec la suite des indicateurs ; mais pour 17 et les nombres premiers supérieurs, on ne peut plus écrire les périodes qui contiennent un trop grand nombre de nombres.

Il est donc intéressant de pouvoir déduire d'une suite diatomique donnée (p_n) des termes de la suite (p_{n+h}), h étant un nombre aussi grand que l'on voudra.

Ex. I. — Prenons les six termes consécutifs 3, 7, 5, 3, 5, 1 de la suite diatomique (p_4) et proposons-nous d'en déduire un terme de la suite p_9. A cet effet, formons le tableau suivant dont le mode de formation va être expliqué :

$3, \overline{7, 5}, 3, 5, 1$	$p_4 = 7$
$\overline{3, 13}, 3, 5, 1$	$p_5 = 11$
$\overline{17, 3}, 5, 1$	$p_6 = 13$
$\overline{21, 5}, 1$	$p_7 = 17$
$\overline{27, 1}$	$p_8 = 19$
29	$p_9 = 23$

Quand on déduit la suite (p_5) de la suite (p_4), à l'un des tours, il y a jonction de 7 et 5, ce qui est indiqué par un trait placé au-dessus de 7 et 5. Il n'y a pas d'ailleurs d'autres jonctions au même tour, comme le montrent les égalités suivantes :

$$6 + 4 = 10, \quad 3 + 6 = 9, \quad 2 + 2 = 4.$$

Alors dans la suite diatomique (p_5) on a nécessairement les 5 termes consécutifs 3, 13, 3, 5, 1.

Supposons ensuite une jonction entre 3 et 13 lorsque l'on passe de la suite (p_5) à la suite p_6 ; ce qui arrivera nécessairement à l'un des tours. Après s'être assuré qu'il n'y a pas d'autre jonction au même tour, on peut affirmer que la suite (p_6) contient nécessairement les 4 termes consécutifs 17, 3, 5, 1. En continuant ensuite, toujours de la même manière, on voit enfin que le nombre 29 fait nécessairement partie de la suite diatomique (p_9).

Dans l'exemple qu'on vient de donner, h est égal à 5, et on a pris six termes dans la suite diatomique (p_4). D'ailleurs, comme il n'y a qu'une jonction dans les nombres de chaque suite, quand on passe d'une suite à la suivante, la somme des nombres de la suite augmente d'une unité. Il arrive ainsi que le nombre 29 de la suite diatomique (p_9) surpasse de 5 unités la somme 24 des six termes consécutifs pris dans la suite (p_4). Mais, comme en passant d'une suite à la suivante, il peut y avoir plusieurs jonctions, le dernier nombre obtenu n'est qu'un minimum. On peut, dans tous les cas, énoncer le théorème suivant :

Si s *est la plus grande somme qu'on puisse obtenir en ajoutant* $h+1$ *termes de la suite diatomique* (p_n), *la suite diatomique* p_{n+h} *contient des termes égaux ou supérieurs à* $s+h$.

Mais on peut déterminer des nombres bien supérieurs à la limite donnée par le théorème précédent, comme vont le démontrer les trois exemples suivants.

Ex. II. — Si l'on prend les 8 nombres consécutifs 5, 3, 1, 5, 3, 5, 7, 3 de la suite (p_4), et que l'on fasse un calcul tout semblable au précédent, on formera facilement le tableau suivant :

$$\begin{array}{r|r}
\overline{5,\ 3},\ 1,\ 5,\ 3,\ \overline{5,\ 7},\ 3 & 7 \\
\overline{9,\ 1},\ 5,\ 3,\ \overline{13,\ 3} & 11 \\
\overline{11,\ 5},\ 3,\ 17 & 13 \\
\overline{17,\ 3},\ 17 & 17 \\
\overline{21,\ 17} & 19 \\
39 & 23
\end{array}$$

et il résulte de ce tableau que la suite (p_9) contient un nombre au moins égal à 39, tandis que le théorème précédent donnait pour limite 29. On peut d'ailleurs s'assurer que le nombre 39 fait nécessairement partie de la suite (p_9) ; en prenant deux termes de plus dans chaque suite, l'un au commencement, l'autre à la fin, de manière à bien reconnaître que toutes les jonctions sont simples, comme on l'avait supposé. (Je ne répéterai plus cette observation, et il sera toujours sous-entendu que l'on a vérifié que les jonctions supposées simples le sont effectivement.)

Ex. III. — On prend les 25 premiers nombres de la période (p_4), en les faisant précéder du terme 9 qui termine la période, ce qui est permis, comme on le voit en écrivant la période sur la circonférence d'un cercle, et on forme le tableau suivant, toujours d'après le même mode de calcul :

9, 1, 9, 1, $\overline{3, 1}$, 3, 5, 1, 5, 3, 1, 3, 5, 5, $\overline{1, 5}$, 3, 1, 5, $\overline{3, 5}$, 7, 3, 1, 3	7
9, $\overline{1, 9}$, 1, 5, 3, 5, 1, 5, 3, 1, 3, $\overline{5, 5}$, 7, 3, 1, $\overline{5, 9}$, 7, 3, 1, 3	11
9, 11, 1, 5, 3, 5, 1, $\overline{5, 3}$, 1, 3, 11, 7, $\overline{3, 1}$, 15, 7, 3, 1, 3	13
9, 11, 1, 5, 3, $\overline{5, 1}$, 9, 1, 3 11, $\overline{7, 5}$, 15, 7, 3, 1, 3	17
9, 11, $\overline{1, 5}$, 3, 7, 9, 1, 3, $\overline{11, 15}$, 15, 7, 3, 1, 3	19
9, 11, 7, 3, $\overline{7, 9}$, 1, 3, 25, $\overline{15, 7}$, 3, 1, 3	23
9, 11, 7, 3, $\overline{17, 1}$, 3, 25, 23, 3, $\overline{1, 3}$	29
$\overline{9, 11}$, 7, 3, 19, 3, $\overline{25, 23}$, 3, 5	31
21, $\overline{7, 3}$, 19, 3, 49, $\overline{3, 5}$	37
$\overline{21, 11}$, 19, 3, $\overline{49, 9}$	41
$\overline{33, 19}$, 3, 59	43
$\overline{53, 3}$, 59	47
$\overline{57, 59}$	53
117	59

En faisant d'ailleurs intervenir un nombre de plus dans une suite lorsqu'il y a jonction simple au commencement ou à la fin de la suite, on s'assure qu'il n'y a que des jonctions simples. On peut donc affirmer que le nombre 117 est l'un des termes de la suite diatomique qui correspond à p_{17} ou 59.

Ex. IV. — Ecrivons les 34 termes consécutifs suivants de la suite diatomique (p_4) :

5, 5, 1, 5, 3, 1, 5, 3, 5, 7, 3, 1, 3, 1, 3, 1, 3, 7, 5, 3, 5, 1, 3, 5, 1,
5, 5, 3, 1, 3, 5, 1, 5, 3, 1, 3,

et proposons-nous de trouver des termes de la suite (p_{20}).

En opérant comme dans les exemples précédents, on trouvera que les nombres 149, 137 et d'autres nombres moindres font partie de la suite diatomique (p_{20}).

Si, par exemple, le lecteur veut dresser le tableau qui conduit au nombre 149, il pourra le faire, connaissant les premières jonctions des suites que je vais donner.

En partant des 34 nombres de la suite (p_4) écrits plus haut, ces jonctions ont lieu respectivement dans les suites qui correspondent aux nombres premiers consécutifs jusqu'à p_{18} inclusivement, du 3e au 4e terme, du 1er au 2e, du 8e au 9e, du 10e au 11e, du 6e au 7e, du 8e au 9e, du 7e au 8e, du 5e au 6e, du 6e au 7e, du 5e au 6e, du 5e au 6e, du 2e au 3e, du 3e au 4e, du 1er au 2e.

Remarque. — Le dernier exemple prouve que les jonctions multiples ne sont pas impossibles. En effet, pour qu'une jonction double fût possible dans une suite diatomique (p_n), il suffirait que cette suite contînt le terme $2p_{n+1}-1$. Or la suite diatomique (p_{20}) contient le nombre 149 supérieur de 4 unités au nombre 145 qui est égal à $2p_{21}-1$. Il n'est donc pas impossible qu'une suite (p_n) pour une valeur de p_n suffisamment grande contienne le nombre $2p_{n+1}-1$ lui-même.

Quant à cette assertion qu'une suite diatomique (p_n) contenant le terme $2p_{n+1}-1$ donnerait une jonction double quand on passe à la suite (p_{n+1}), elle est facile à justifier. En effet, si l'on désigne par d le nombre $2p_{n+1}-1$ que l'on suppose appartenir à la suite (p_n), par e le nombre précédent et par f le terme suivant, à un certain tour, il y aura jonction entre e et d, et au même tour, il y aura aussi jonction de d et f, puisque $d+1$ est un multiple de p_{n+1} ; les trois termes e, d, f seront donc remplacés dans la suite diatonique (p_{n+1}) par le terme $e+d+f+2$, c'est-à-dire qu'une jonction double aura lieu.

EXAMEN D'UN THÉORÈME SUR LA RÉPARTITION DES NOMBRES PREMIERS QUE LEGENDRE A CRU AVOIR DÉMONTRÉ.

L'énoncé du théorème est le suivant : *Soit donnée une progression arithmétique* $A - C$, $2A - C$, $3A - C$, ..., *dans laquelle* A *et* C *sont premiers entre eux ; soit donnée aussi une suite* $\theta, \lambda, \mu, \ldots \psi, \omega$ *composée de* n *nombres premiers impairs, non diviseurs de* A, *pris à volonté et disposés dans un ordre quelconque ; si l'on appelle, en général,* p_n *le* n[ième] *terme de la suite naturelle des nombres premiers* 3, 5, 7, 11, .., *sur* p_{n-1} *termes consécutifs de la progression proposée, il y en aura au moins un qui ne sera divisible par aucun des nombres premiers* $\theta, \lambda, \mu, \ldots \psi, \omega$. *En d'autres termes, le maximum du nombre des termes de la progression donnée divisibles par les* n *nombres impairs* $\theta, \lambda, \mu, \ldots \psi, \omega$ *est* $p_{n-1} - 1$.

Pour simplifier, Legendre substitue d'abord, dans cet énoncé, à une progression quelconque, celle des nombres impairs consécutifs 1, 3, 5, 7, 9, et au lieu de n nombres premiers impairs quelconques il prend les n nombres premiers consécutifs à partir de 3. Sans examiner si la question en se simplifiant n'a pas perdu de sa généralité, on voit que le nouvel énoncé est celui-ci : *Dans la suite naturelle des nombres impairs, il ne peut pas y avoir plus de* $p_{n-1} - 1$ *nombres entiers consécutifs divisibles par l'un des nombres premiers* 3, 5, 7, ... p_n. Mais à ce nouvel énoncé je substitue l'énoncé équivalent qui suit : *Dans la suite naturelle des nombres il ne peut pas y avoir plus de* $2p_{n-1} - 1$ *nombres consécutifs divisibles par les nombres premiers* 2, 3, 5, ... p_n, ou plus simplement encore, *le maximum d'un terme de la suite diatomique* (p_n) *est* $2p_{n-1} - 1$ (*).

(*) Dans ce dernier énoncé, p_n représente de nouveau le n[ième] nombre premier *depuis* 2 *inclusivement.*

On a vu (Th. VI) que le nombre $2p_{n-1} - 1$ fait toujours partie de la suite diatomique (p_n) ; mais est-il le maximum? Comme on peut obtenir aisément les suites diatomiques jusqu'à 13, il est facile de vérifier que le théorème de Legendre est vrai jusqu'à la suite diatomique (13). A partir de 17, on ne pourra plus écrire la suite diatomique qui comprend un trop grand nombre de termes; mais on pourra faire l'essai du théorème en formant, à l'aide du problème IV, autant de termes des suites diatomiques que l'on voudra. Sans chercher ici à donner une méthode régulière d'essai (méthode sur laquelle je reviendrai plus tard), je me contenterai d'indiquer des cas où le théorème de Legendre est en défaut.

Si, par exemple, nous prenons le nombre 23, le plus grand terme de la suite diatomique (23) serait 37 d'après le théorème de Legendre, tandis qu'on a vu (Ex. I, Pr. IV) que la suite diatomique contenait le nombre 39. De même, dans les suites diatomiques (59) et (71) les maxima ne sont pas, comme le croyait Legendre, 105 et 133, puisque les deux suites contiennent respectivement les nombres 117 et 149 ainsi qu'on l'a vu (Pr. IV).

FIN.

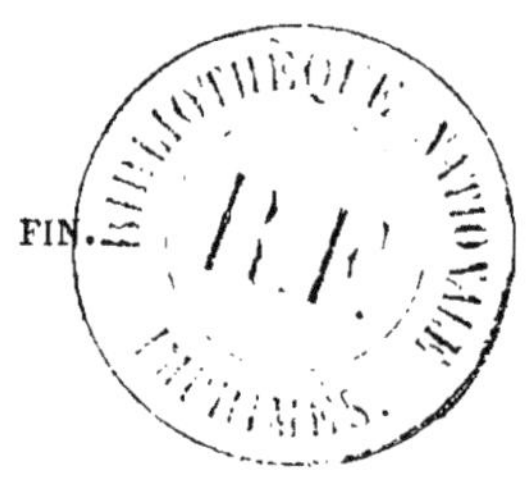

ERRATA

Page 59, ligne 5, en remontant, au lieu de carré cubique, *lisez* : carré-cubique.

Page 70, ligne 1, en remontant, mettez un point devant N'est-ce pas.

TABLE DES MATIÈRES

		Pages.
Étude sur Pascal et les Géomètres contemporains		5
NOTE I.	Sur une visite de Descartes à Pascal	79
NOTE II.	Sur Lagrange	83
NOTE III.	Sur la disparition des radicaux dans une équation, et le débat à ce sujet entre Fermat, Descartes et Roberval.	87
NOTE IV.	Sur le triangle arithmétique de Pascal	93
NOTE V.	Sur la résolution des équations algébriques par la méthode des différences	117
NOTE VI.	Sur la racine d'indice quelconque d'un nombre entier d'après Pascal	125
NOTE VII	Sur la solution d'un problème de Géométrie, d'après les indications de Pascal	129
NOTE VIII.	Sur la longueur d'un cercle cycloïde quelconque et la quadrature de la cycloïde ordinaire	131
NOTE IX.	Sur la résolution par la Trigonométrie des problèmes relatifs à la cycloïde proposés par Pascal	141
NOTE X.	Sur la répartition des nombres premiers et l'inexactitude d'un théorème de Legendre qui s'y rapporte	157

573. — Abbeville — Typ. et stér. Gustave Retaux.

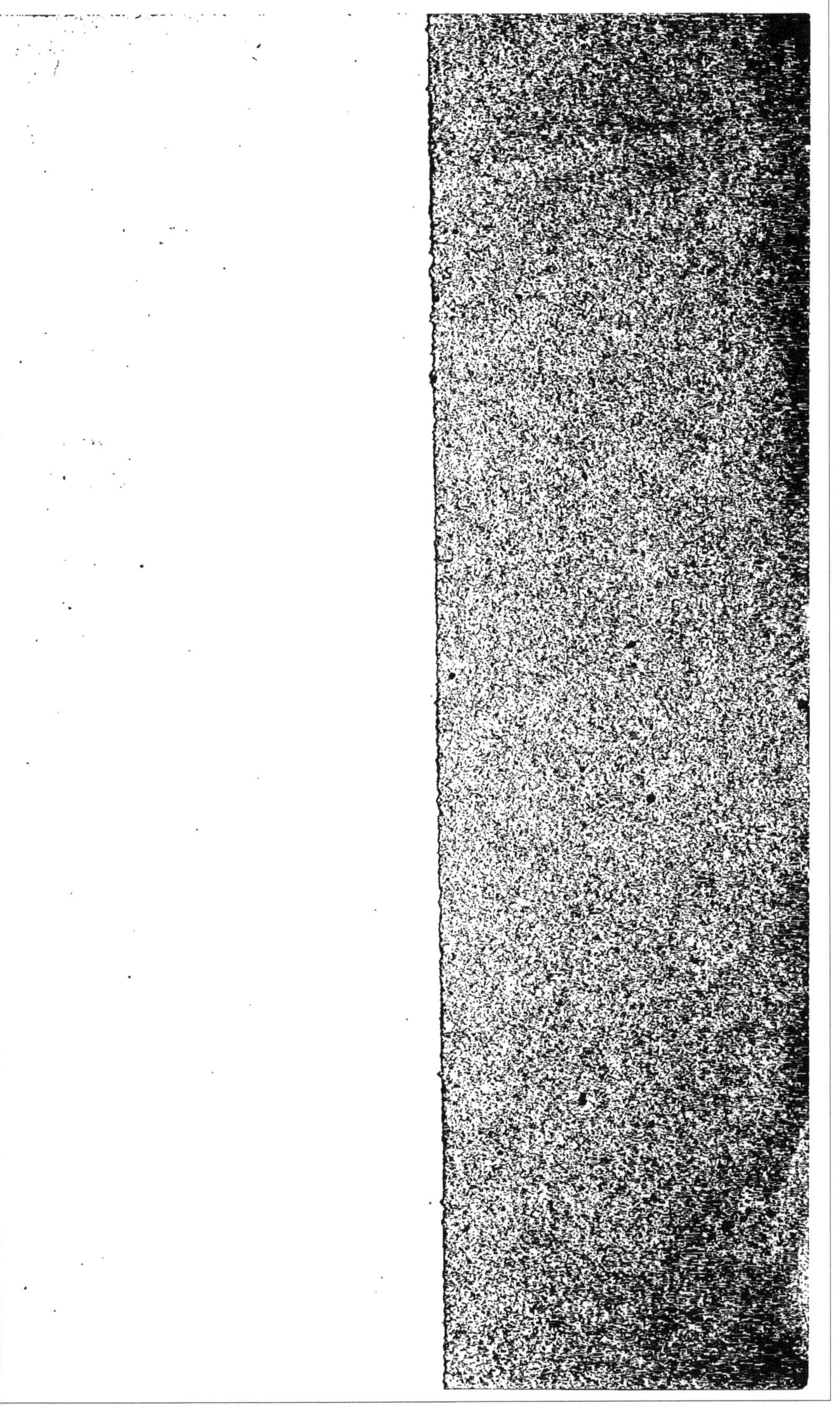

PARIS. — IMPRIMERIE E. CAPIOMONT ET V. RENAULT
Rue des Poitevins, n° 6.

www.ingramcontent.com/pod-product-compliance
Ingram Content Group UK Ltd.
Pitfield, Milton Keynes, MK11 3LW, UK
UKHW021122220726
13924UKWH00004B/1863

9 782019 928476